A Vida sem filtros

Preparação: Fernanda França
Revisão: Fernanda Melo e Olívia Tavares
Projeto gráfico e diagramação: Vanessa Lima
Fotos de miolo: @crissantoro (págs. 13, 18, 21, 42, 61, 64, 88, 92, 103, 108, 113, 133, 139, 140, 144, 151, 156, 162 e 172), Takeshi (pág. 34), arquivo pessoal cedidas pela autora (págs. 47, 48, 49, 50, 51, 57, 58, 59, 67, 68, 70, 71, 76, 98, 126, 127, 130, 165 e 179)
Cabelo: @sandrodessou
Maquiagem: @rodolfoalmeida_makeup
Stylist: @robertagasparini
Ilustrador objetos e óculos: @alefvernoart
Ilustradora personagens + digitalização: @euteilustro
Estúdio: @luizipolito
Capa: @marquinhoscoexiste
Revisão interna: @alinecoexiste e @patrickcoexiste
Direção de arte e storytelling: @erickmafra

Dados Internacionais de Catalogação na Publicação (CIP)
Angélica Ilacqua CRB-8/7057

Cardoso, Nah
A vida sem filtros / Nah Cardoso. - São Paulo: Planeta do Brasil, 2017.

ISBN: 978-85-422-1182-5

1. Técnicas de autoajuda 2. Autorrealização 3. Felicidade I. Título

17-1402 CDD 158.1

Índice para catálogo sistemático:
1. Técnicas de autoajuda

2017
Todos os direitos desta edição reservados à
EDITORA PLANETA DO BRASIL LTDA.
Rua Padre João Manuel, 100 – 21º andar
Ed. Horsa II – Cerqueira César
01411-000 – São Paulo-SP
www.planetadelivros.com.br
atendimento@editoraplaneta.com.br

A Vida sem filtros

NAH CARDOSO

OUTRO Planeta

Neste conteúdo literário, a autora Nah Cardoso descreve de forma surpreendentemente didática fundamentos da percepção humana sobre a Vida e os relacionamentos, trazendo para muito perto do leitor um conteúdo que muitos sábios já se entregaram à tarefa de tornar compreensível, mas cujo entendimento e exercício ainda transitam em níveis de muito pouca consciência e prática no cotidiano do cenário humano. Nah, em rara disponibilidade e muita confiança, oferece, através de suas próprias experiências, de forma muito aberta e sem rodeios, os passos que a levaram a um lugar de muito mais conforto em seus relacionamentos e consigo mesma ao retirar, gradativamente e muito corajosamente, os filtros que trabalham como barreiras para a visão da Verdade dos fatos. É uma imperdível oportunidade de conhecer a Nah em profundidade e aproveitar essa transparente e carinhosa relação para descobrir o quanto somos unidos em nossa mente e em nossa Vida, e o quanto podemos aproveitar reciprocamente nossas experiências no aprendizado de novos caminhos mais confortáveis, mais felizes e mais próximos da Verdade do que somos.

Kaw Yin e Yan Yin

Fundadores da Coexiste
Autores e apresentadores do programa "A Verdade Está no Ar"
Autores do curso "A Verdade Presencial", do livro
"Eu Sei a Verdade e o Meu Celular é (11) 99831-3521"
e de toda a metodologia Coexiste

Essa é a Nah...

A Nah tem 10 milhões de
seguidores nas redes sociais...

10.000.000

Mas isso não muda
o que a Nah é...

Independentemente de quantos
seguidores ela tem, ela só quer...

Te mostrar que a Vida é bem mais
incrível do que vemos nos filtros!

no twitter

Natalia Cardoso
@nahcardoso
É gostoso demais saber que vocês sentem mesmo longe o Amor que compartilho através de tudo. 💗

Natalia Cardoso
@nahcardoso
Eu mantenho Deus e todos o tempo todo na mente.

Natalia Cardoso
@nahcardoso
Não tem sensação melhor do que se sentir quite com a Vida. E sensação de sentir que você pode transformar mentes e corações...

Natalia Cardoso
@nahcardoso
Eu me interesso pelas pessoas. Por suas vidas e isso é muito gostoso.

Natalia Cardoso
@nahcardoso
Oh. Vocês são muito amáveis.

Natalia Cardoso
@nahcardoso
Você é insubstituível, você é essencial no caminho. Não se esqueça, eu te lembrarei a cada momento. 💞✨

Natalia Cardoso
@nahcardoso
Vocês estão na minha mente o tempo todo.

Natalia Cardoso
@nahcardoso
Muito mesmo. Qualquer sensação fora do Amor é uma imaginação, uma mentira.

Natalia Cardoso
@nahcardoso
E é tão gostoso quando você está simplesmente amando, servindo, cuidando... seja lá o que você estiver de fato fazendo sabe?

Natalia Cardoso
@nahcardoso
Quando você imaginar que ninguém te ama, lembre que estou aqui te amando todo dia, toda hora. Obrigada por você existir. 😊

Natalia Cardoso
@nahcardoso
Vocês sentem tudo isso porque isso pertence a vocês. É gostoso poder ser lembrado, não é mesmo?

Natalia Cardoso
@nahcardoso
Se você fizer silêncio na sua mente, fica mais fácil pro teu coração se manifestar.

Natalia Cardoso
@nahcardoso
Só quero dizer que amo vocês tanto, mas tanto. É infinito ❤

Natalia Cardoso
@nahcardoso
É porque uma vez que eu fiz uma mudança na "minha" mente, ela está acessível para todos, pois somos uma mente una.

Natalia Cardoso
@nahcardoso
Oh. Me contem algo que vocês sentem no dia a dia de vocês. Uma sensação pelo menos. Exemplo: solidão, rejeição, raiva, vingança, medo...?

Natalia Cardoso
@nahcardoso
Você quer sentir solidão, daí você arranja algo que na sua mente você atribuiu um significado para sentir-se sozinho. Daí sente e confirma.

Natalia Cardoso
@nahcardoso
Qualquer sensação ruim que você sinta, lembre: isso não faz parte de mim. Isso não é verdade. Eu não quero sentir isso. Eu estou imaginando.

Natalia Cardoso
@nahcardoso
Se descobrissem o quanto vocês são amáveis...

Em resposta a @nahcardoso
As vezes me pego olhando para uma foto sua e desabafando tudo "com você

Em resposta a @nahcardoso
Tenho problemas com autoimagem. A maneira como sou, ou quero ser, e como eu me percebo no mundo estão em constante conflito. Isso me deprime

Em resposta a @nahcardoso
@nahcardoso seu coração é tão puro, você é tão pura, com você eu aprendi tantas coisas ❤️ eu te amo

Em resposta a @nahcardoso
@nahcardoso obrigada por me fazer chorar, mas chorar de alegria, faz tempo que isso não acontece, você é a minha parte feliz, e eu te amo

Em resposta a @nahcardoso
você transmite tanta luz, tanta paz, tanto amor... ❤️ da muita vontade de sentir esse carinho de perto ❤️

Em resposta a @nahcardoso
Você é luz! Não é à toa que te admiro cada dia mais, você não faz ideia do quanto é especial, obrigada pelas palavras! Saudade 💗

Em resposta a @nahcardoso
Eu tava vendo o NahReal do início do ano e queria te agradecer por que graças aqueles videos eu sai da depressão obrigada @nahcardoso

Em resposta a @nahcardoso
quero logo o livro da natalia, tô sentindo que vai me salvar várias vezes

Em resposta a @nahcardoso
@nahcardoso suas palavras têm o dom de acalmar qualquer um 💖

Em resposta a @nahcardoso
isso é muito incrível você ajudar as pessoas mesmo não estando do lado ou sabendo os verdadeiros motivos de seus problemas

Em resposta a @nahcardoso
@nahcardoso você é incrível Nah cada palavra sua que tu fala e diz nos tocam de uma maneira que nos traz uma paz 🙏❤️

Em resposta a @nahcardoso
real, você nos comove de um jeito maravilhoso, de uma maneira que nunca poderemos retribuir. Sinto sua energia positiva aqui ♡✨

Em resposta a @nahcardoso
Te amo mucho me encanta tus snap !!! Llore escuchándolos te amo demasiado un bss desde rivera-uruguay si podes mandame un saludo en tu snap

Em resposta a @nahcardoso
nós te amamos, e somos gratos por você sempre nos lembrar de quem realmente somos.

Em resposta a @nahcardoso
Você nos lembra que temos um Propósito! 🌙🌍 TKS 💕✨ '

Em resposta a @nahcardoso
Nah, muito OBG pelas palavras❤️ você é uma pessoa maravilhosa e te admiro você. Muito OBG fala isso, me sentir conectado😀❤️ você me transformou!

Em resposta a @nahcardoso
ai nah sua lindaa , choreei 😢 oq vc disse me fez pensar bastantee ... mto obrigada , vc eh maravilhosaa , serio ❤️🙏💘

Em resposta a @nahcardoso
Nah, você falou no snap simplesmente tudo o que eu também sinto sobre a vida também. Eu penso exatamente como você 💖 queria mesmo encontrar alguém que também sentisse isso. Queria te abraçar e ser sua amiga!!! Sua linda 💞💕

Dedico este livro

a todas as pessoas que um dia pensaram em encontrar

respostas para assuntos ligados aos seus relacionamentos e

à sua forma de ver o mundo.

Eu me perguntava:

Por que a minha forma de me ver,

de ver o mundo e de ver todas as coisas

e todas as pessoas é tão diferente e

tão conflitante com outros olhares?

E eu descobri que eu via a Vida através de filtros.

O que são filtros? Meu amor, este livro foi dedicado a isso,

e quero te contar tudo o que eu aprendi.

Boa leitura!

"Eu faço canções que só eu compreendo,
porque entre nós dois existe uma fenda de ilusões,
a gente se vê separados, mas somos apenas dois lados de uma mesma moeda.
Mas hoje eu quero conhecer você novamente,
quero ver você como uma parte da minha própria mente.
Não quero mais distâncias,
Não quero mais solidão,
Não quero mais insegurança,
Não quero mais separação,
Meu amor..."

("Quero Conhecer Você Novamente",
Kaw Yin e Yan Yin)

sumário

Hello Hello!

Que gostoso você por aqui! Nossa, que demais MESMO saber que você escolheu este livro. Que bom que você chegou até mim. AaaAaaaaAahhhHHHHH!!! SÉRIO! Tô com um sorriso de orelha a orelha.

Nossa, que doida, ela nem me conhece!, você pode ter pensado. Mas não importa que eu não conheça a sua história, as coisas que você conta sobre você por aí e tals. Na real, o que importa é a sua presença aqui e agora, comigo, juntinho. Então, antes de tudo, deixa eu me apresentar: eu sou a Natalia, mas muitos me conhecem como Nah. Sabe... eu nunca planejei escrever um livro, ou ter milhões de seguidores nas redes sociais. Mas uma coisa eu sei: eu sempre quis compartilhar de alguma forma a minha Vida com as pessoas. Sempre gostei de estar perto delas, de estar junto, de curti-las. É, eu nunca gostei de ficar sozinha, em lugar NENHUM! Nem mesmo na internet, hahaha. Você pode ter algumas ideias sobre mim, imaginar coisas, sabe? Talvez você me enquadre em alguns filtros:

Nah,
blogueira,
que tem
a vida
perfeita no
Instagram.

Nah,
aquela que
sempre está
produzida e
maquiada.

Nah, aquela
que era
morena,
mas agora
tá loira de
cabelo curto.

Nah, aquela
famosinha da
internet.

Maaaaaaasss você já parou pra se perguntar sobre o que eu sinto, o que eu penso, como eu vivo e como vejo o mundo? Hum... talvez não, né? E você pode se perguntar: *Mas tá... O que eu tenho a ver com isso?* TEM TUDO A VER, SÉRIO! Calma que já vou te contar, mas antes vamos nos perguntar algumas coisitas:

Já teve algum momento em que você se sentiu sozinho?

Eu já.

Com medo?

Nooossa, eu já, um monte de vezes.

Rejeitado?

MANO DO CÉU... eu não me gostava.

Inseguro?

Infinitas vezes... quase sempre.

Sentiu um vazio?

Eu já... é como se estivesse faltando alguma coisa, mas eu não sabia o que era.

Preso a algo?

Eu já... como se algo não tivesse uma solução.

Triste?

Sim, eu já... sem vontade nenhuma de me levantar da cama.

Com raiva?

Eu já, em muuuuitos momentos... como se o universo conspirasse contra mim e tudo desse errado.

Você já sentiu que não tem um propósito, que não tem função, que a Vida é isso aí e... acabou?

Ou, sei lá, você já se sentiu não importante?

É... eu já senti tudo isso e muito mais coisas que você talvez também tenha sentido.

E é por isso que você tem tudo a ver com o que eu tenho pra contar neste livro. Não é à toa que, com tantos livros por aí, você foi escolher logo este. REAL!!! Porque se você já sentiu ou sente tudo isso, e eu te disse que eu também sinto, isso não te faz diferente de mim, sabe? Sentimos as mesmas coisas, passamos por muitas delas e lidamos com o mesmo mundo. E, no fim, vivemos com milhares de FILTROS sobre nós e que nos impedem de sermos nós mesmos.

Eu quero te fazer um CONVITE para que, através das histórias que eu já vivi e dos filtros com que eu lidei e tirei, você veja JUNTO COMIGO:

A vida sem filtros

Eu estou escrevendo, agora, pensando em VOCÊ. Então, saiba que você não está sozinho. Porque você está agora aqui, comigo. E vim te lembrar que...

NÓS
estamos
CONECTADOS

Então, vem comigo, meu amor! AH! Vou te chamar de "meu amor" durante a nossa conversa aqui, tá? Vai ser "mó" gostoso passar esse tempo juntinhos!

capítulo 1

Um novo olhar

Peguei essa página em branco e pensei: *Hum... por onde começar?* E então mil coisas passaram na minha mente, uma grande e pesada nuvem de pensamentos confusos. E eu parecia não saber mais onde encontrar resposta. Conhece esse jeito doidão de pensar uma coisa, pensar outra e pensar mais uma vez, pensar e pensar... NOSSA, que lugar *fritante*!!! Pois é. É por aqui que vou começar.

Embora eu fosse uma "garota normal" que, sei lá, morava com a família, estudava, que aparentemente estava sempre bem, cheia de amigos, vivendo um dia a dia comum, eu via que sentia essa confusão mental de pensar um monte de coisas ao mesmo tempo, sabe? Tipo, ficar falando mal de mim mesma na minha cabeça, de sentir um aperto estranho no peito e não saber de onde vinha, de ficar insegura com julgamentos que eu achava que as pessoas faziam de mim e não entendia o porquê. Diante disso, queria me fechar e fugir do mundo.

Eu me lembro dessas sensações que via dentro de mim, tipo uma montanha-russa de emoções sem fim, como se fossem normais e a Vida fosse isso, sem um manual de instruções. **Se fosse esse mesmo o meu natural, eu não estranharia e seria gostoso sentir, certo?** E então comecei a me perguntar: *Se a Vida é isso mesmo, por que eu não estou feliz?*, e outras perguntas do tipo: *Por que eu tenho que fazer isso que eu tô fazendo?*, ou ainda: *Isso vai um dia me fazer feliz?*.

Quem nunca passou por essas crises existenciais em algum momento da Vida, né? Mas eu realmente queria ter essas respostas.

Para estar aqui, agora, compartilhando com você, eu tive que limpar muitos filtros que vinham de ideias que fui construindo sobre mim, e que não eram verdadeiras e me impediam de ser "eu mesma". Uma delas era *eu não sei escrever um livro, não sei me expressar, não sou legal, tenho medo, as pessoas não vão gostar...* E você vê aí de fora e pensa: *Nossa, mas a Nah pensa isso sobre ela? Com tudo que ela faz, vídeos, fotos e com tanta gente acompanhando as redes dela...* e, olhando do lado de cá, parece ser tão normal, assim como imagino que você, que pensa um monte de coisas sobre você mesmo, também acha que é normal. Pois bem, meu amor... eu tive que aprender a ver a Vida sem os filtros. Porque, não, a Vida não é essa tempestade sem fim ou esses dias sem cor, meu amor. E a cada filtro, ideia mentirosa ou pensamento que fui mudando, fui trilhando um novo caminho, e quero te levar comigo por essa trilha que não é só minha, que é nossa, e que trilhamos juntos!

Quero te dizer que, para tudo isso, há uma saída.

capítulo 2

Os filtros do mundo

Não, não vim falar sobre filtros do Instagram, ou filtros de aplicativo, ou sei lá o que você imaginou quando leu o título deste livro, hahaha. Mas, ó, vim falar real oficial o que são os filtros que a gente coloca na Vida.

Eu tomei uma decisão que mudou completamente a minha maneira de ver as coisas, de uma forma prática, e que está presente em todos os meus dias.

— Mas, Nah, o que são os filtros?

Filtro é aquilo que usamos para filtrar o nosso olhar. Vemos tudo através dele.

Oooolha só o que encontrei no dicionário:

DICIONÁRIO AULETE – FILTRAR

Entre outras definições, aqui estão algumas:

(fil.trar)

1. Fazer passar ou passar por um filtro

2. Impedir que passe inteira ou parcialmente

3. Selecionar ou separar

Mas, filtrar... como assim?

Lembra aquele turbilhão de pensamentos e sensações que eu falei agora há pouco? Então, a gente pensa tanto sobre nós e sobre tudo, que acaba passando pelas pessoas e pelas cenas do dia a dia sem entrar em contato com o que realmente está acontecendo, e filtrando tudo a partir do que estamos sentindo e pensando naquele momento. Mas será que estamos, de fato, vendo o que está acontecendo?

Por exemplo, quando você está triste, percebe que tudo ao seu redor reflete aquilo? Mesmo que o dia esteja alegre, as pessoas felizes, você só vê a sua tristeza. Isso é um filtro, algo que te impede de entrar em contato com o que está rolando.

Mas o lado bom de saber que isso é um filtro é que podemos tirar! E olhar para a Verdade do que está acontecendo, que é sempre Alegre. É só não colocarmos filtros para olhar o mundo.

— Mas, Nah, qual é essa Verdade que é feliz, mas que eu uso filtros para não ver?

filtro da tristeza

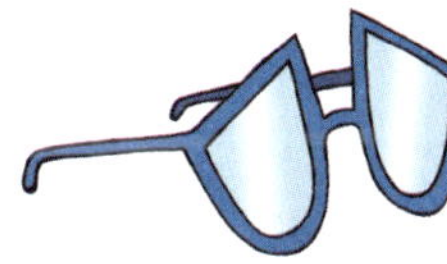

O que você ainda não sabe é que existe uma Verdade sobre você, sobre mim, sobre nós, sobre todos, que é linda e que você ama. Uma verdade da qual nos esquecemos. Uma Verdade que Deus colocou em nossa criação quando nos fez. E aí você fica inventando coisas sobre você, colocando esses filtros que são mentiras. E então, quando mentimos, não gostamos disso. Não, você não gosta das mentiras que você fica contando sobre você e isso baixa nossa autoestima e nos deixa em conflito. Uma Verdade que nos lembra de que somos, por trás de todos os filtros, um único Ser, que é feito de Amor.

É tipo assim:

Você inventa um personagem que não tem nada a ver com você e do qual você não gosta.

Ninguém gosta do que inventa sobre si mesmo, ninguém gosta de ficar expressando mentiras sobre si mesmo, tipo...

Talvez você não perceba, meu amor, mas, por conta das coisas que nós aprendemos no mundo, você acaba assumindo pensamentos muito negativos e que te deixam pra baixo. Você se dá adjetivos do tipo: inconveniente, desorganizado, incompetente, inútil, indesejável. Você pensa que atrapalha, que não é bem-vindo, que não faz nada direito, que, por mais que você se esforce, sempre fica faltando alguma coisa, e que você nunca consegue agradar a todos. Mas nada disso é verdade. Você está se vendo de um jeito que você NÃO É.

Calma, existe outra forma de olhar para tudo isso, pra você e pra Vida, sem viver dessa maneira automática e não olhando de verdade para nada.

E aí... TCHANAN! Quando percebi isso, vi que eu queria mudar! Vi que eu não queria colocar filtros sobre o que sou. Não queria ficar pensando coisas ruins e mentirosas sobre mim, não queria mais passar mal. Não queria mais viver usando filtros que me deixam sozinha e que me afastam de mim, de tudo e de todos. Queria sair disso!

Como é viver sem filtros?

capítulo 3

Ele parece um vilão, que chega de repente, assombrando, e tem vida própria. Ele chega do nada e nos deixa trancados, travados, inseguros, assustados, desconfiados, na defensiva, e nos leva a acreditar que somos frágeis e que não podemos impedir algo que está fora do nosso alcance. Ele chega com uma sensação que parece dominar a mente e congelar o coração, mas não é bem assim, não. Muito pelo contrário, o medo é a fonte de todos os filtros que nós colocamos em atividade quando não queremos olhar para algo e quando queremos distorcer o que está acontecendo de verdade, ou seja, interpretar para confirmar nossas próprias ideias baseadas no que pensamos sobre nós. Quando você coloca o medo, você nem percebe que está fazendo isso, mas, se não colocá-lo, não consegue filtrar. Quando você está no medo, você já percebeu que tudo fica muito confuso? Que tudo fica escuro? Que você só sente o seu medo e não consegue ver mais nada direito?

O medo é o oposto do Amor. Ou você está no Amor, ou no medo. E quando você retira o medo, necessariamente você encontra o Amor, pois o medo nada mais é do que uma barreira que nos impede de despertar para a presença do Amor.

Vou te contar o que eu já inventei sobre mim, quando coloquei o medo para filtrar.

PODE DAR TUDO ERRADO

Sabe aquela fase que todo mundo um dia já passou ou vai passar?

Eu também já passei por isso, e foi com 16 anos, terminando o ensino médio, quando eu tive que tomar essa decisão. Afinal, eu estava virando "gente grande", que devia assumir responsabilidades, controlar a própria Vida e fazer escolhas sozinha.

Chegou o momento de escolher qual faculdade tinha mais a ver comigo, em qual eu me encaixava. Sempre achei estranha essa história de "Tenho que me encaixar em algo". Você já sentiu isso? Tipo... como vou saber o que quero fazer? Mas e se eu mudar de ideia? Não sei se eu tô pronta! E essa é, tipo, uma decisão bem séria! Lembro que eu estava com uma lista em mãos, cheia de cargos e profissões do mundo. Eu achava tãããão estranho, me questionava tanto... foi difícil. Depois de tanto procurar, encontrei o que mais tinha a ver comigo, que era Rádio e TV, Cinema, Artes Cênicas ou Publicidade e Propaganda, porque eu me identificava com comunicação, com esse contato direto com as pessoas. Como tinha que escolher um curso só, fiquei com Publicidade e Propaganda.

Durante esse último ano do colégio, eu tinha minhas redes sociais ativas. Quer dizer, tudo começou no Orkut, onde as pessoas criavam muuuitos perfis fakes com as minhas fotos e comecei a ficar conhecida por lá, DO NADA.

Daí depois criei o Twitter, onde mais e mais gente, com o tempo, foi me descobrindo, me seguindo e me acompanhando. É engraçado, mas no fim do último ano no colégio me apelidaram de "arroba nah cardoso": @nahcardoso!

Hahaha, ficavam brincando com isso porque realmente era algo novo essa coisa de ficar conhecida na internet, tanto pra mim quanto pros meus amigos. Era divertido, mesmo, porque na época não era igual a hoje, que é normal alguém ser conhecido pela internet, era uma coisa completamente nova!

Mas, vamos lá, junto com isso comecei a faculdade. Eu estava amando! Uma rotina nova, novos amigos, um curso novo, tudo novo! Mas eu lembro que eu tinha dúvidas em qual área da publicidade eu queria seguir, não tinha noção.

Não fiquei fritando muito, fui deixando as coisas rolarem... na mesma época, eu estava ficando cada vez mais conhecida na internet. E fui convidada por uma empresa de turismo para participar de uma websérie no canal deles no YouTube, junto com outros amigos que também estavam bombando na época, e foi lá que as pessoas conheceram ainda mais a Nah, agora por vídeo, brincalhona e espontânea!

Eu comecei até a ter... FÃ-CLUBES!!! Oi??? Não entendia, isso era muito novo, MESMO. Tudo que eu fazia e compartilhava virava notícia entre os fã-clubes, até criarem um blog em formato de portal com "novidades da Nah". OMG! E isso tudo foi bem no momento em que o Instagram estava surgindo e chegando com tudo, e eu comecei a compartilhar a minha Vida por lá também!

Nem eu nem meus pais entendíamos muito o porquê de tantos números de curtidas e tantos comentários. Era louco ir a eventos de revista, as pessoas me tratavam como se eu fosse uma "cantora pop", me rodeavam pedindo fotos e autógrafos. Era muito doido, eu curtia, mas sempre pensava: *Como tá acontecendo tudo isso?*

Virei colaboradora de um blog e tinha que gerar conteúdo todos os dias, nossa... eu fui pegando gosto, sabe?! Lembro que eu fazia tudo com muito carinho, desde selecionar as fotos até escrever sobre alguns assuntos. E sempre fui recebendo um retorno muito positivo de tudo que eu estava fazendo!

Pra mim, foi tudo muito espontâneo. Eu via que, do nada, eu estava ali, as coisas acontecendo naturalmente, uma atrás da outra, e eu não tinha planejado nada. Não tinha um "querer algo", eu só estava seguindo um fluxo. Meus pais sempre me apoiaram, até que um dia eles me disseram: "Nah, com tudo isso que está rolando com você na internet, por que você não olha direito pra isso, isso pode ser uma profissão, não?".

Papis e mamis

MANO DO CÉU, eles estavam falando aquilo mesmo? Meu coração ficou tão alegre!! E, ao mesmo tempo, eu sentia algo seguro, como se eu tivesse que realmente fazer aquilo. Sabe quando você sente que está fazendo a coisa certa e te dá uma paz? E meus pais sempre me incentivaram a seguir em frente. Fui fazendo tudo ao mesmo tempo:

Partiu aula de interpretação! (:

Faculdade, Instagram, blog (SIIIM, eu criei o meu próprio blog!) e ainda comecei a fazer um curso de teatro! Fiquei tentando conciliar tudo, acordava às 5h30 da manhã, pegava carona com meu pai na ida, voltava de metrô e ônibus pra casa, estudava, fazia trabalho, escrevia, agora pro meu próprio blog, pensava em fotos pro Instagram, e à noite ia pro curso de teatro! Ufa! Mas por que eu tô te contando tudo isso, meu amor? Eu sei que até parece simples da forma que eu conto um pouco pra você aqui, mas eu sempre me motivei a querer colocar algo no mundo, e sei que esse é, pra muitas pessoas, um momento de muito medo, um momento de tomar uma decisão que vai guiar sua Vida pra sempre, mas sabe...

Todos nós temos algo em nosso coração que queremos compartilhar com o mundo, agregar ao mundo, então, sempre se motive a levar algo pro mundo, não importa o quê. Você pode atuar como professor, médico, youtuber, cozinhando, cuidando de animais ou fazendo qualquer outra atividade do seu dia a dia, mas seu coração precisa estar ali, levando algo pro mundo, contribuindo com as pessoas. Porque, se você for buscar algo para si, seja reconhecimento, aceitação ou até mesmo só dinheiro, isso vai te dar muito medo, porque você esqueceu que tem algo para oferecer e vai começar a buscar e só pensar em você. Nisso, o medo toma conta de tudo e, além de sentir falta, você se vê sozinho, tendo que se manter num mundo tão grande e, quase sempre, hostil.

Eu não busquei ser famosa. Eu vi que podia acrescentar algo na Vida das pessoas, levando alegria através das redes e contribuindo com algo no dia a dia de cada um, quando vissem minhas fotos, textos e vídeos. Eu ainda não sabia exatamente o que ia fazer, mas mesmo assim eu atendi a um chamado interno, e mesmo isso ainda não sendo visto, na época, como profissão, eu segui o meu coração. Foi aí que eu vi que era o que eu realmente amava, não só pelo fazer, porque independentemente do que eu fizesse, eu queria sentir, sentir que estava sendo útil no mundo e na Vida das pessoas.

E foi assim que eu cheguei aqui e estou agora com você, meu amor. Eu não sabia do futuro, eu não tinha em mente, mas desisti de insistir no medo e decidi confiar e entregar para as pessoas o que eu tinha e sabia, e foi isso que me trouxe até você. Obrigada por estar aqui.

MEDO DE NÃO CONSEGUIR ME EXPRESSAR

Eu ia dizer "Nossa, podia escrever um livro com tudo o que eu já vivi e me enganei sobre mim", mas é isso mesmo que eu estou fazendo! Hahahaha. Por isso, preciso te contar essa história, porque pela internet tudo parece um mar de rosas!

Você já se sentiu não sendo você mesmo? Eu já senti isso muuuuuitas vezes, ainda mais com duas coisas que agora eu faço normalmente todos os dias: escrever legendas pro Instagram e gravar vídeos pro meu canal. Nossa, TODA vez que eu ia fazer uma das duas coisas, eu travava. Travava de um jeito que eu ficava mal pra caramba, me julgando com um monte de pensamentos na minha cabeça e não gostando de mim. Quer dizer, eu me o-di-a-va nesses momentos de fritação e de insegurança!!!

Na internet não transparecia, mas por trás eu sentia essas coisas. Era tão gostoso estar conectada com todos e compartilhar! Já era natural há um bom tempo e isso me deixava alegre, era isso que fazia eu me sentir completa. Mas eu colocava um filtro, um filtro de "eu sou ruim, não sei me expressar", que ficava pairando na minha mente, tipo um bloqueio, uma barreira. Você já se sentiu assim também, meu amor? Parece bobo, mas quando se está sentindo isso, e dentro da perspectiva em que você está, a situação é um grande buraco profundo, escuro e sem saída. O que doía, na verdade, era o que eu estava sentindo e não escrever a legenda ou gravar o vídeo em si, sabe? Toda vez que eu ia escrever uma legenda para uma foto ou ia começar a gravar um vídeo, eu sentia todo esse peso:

esses pensamentos e sensações ruins voltavam à tona. Eu ficava perdida neles, ficava sozinha e tinha certeza de que isso era real.

Eu tinha medo, medo de ficar nesse lugar e de não conseguir sair dele. E pensava: *Como vou lidar com isso todo santo dia? Eu vou explodir!* Mas vi que, no medo, eu não resolvia nada, ficava no mesmo lugar, sem saída. E vi que eu estava num looping de pensamentos que eu criava, e que, ao contrário do que eu queria, me levavam para longe das pessoas. Não fazia sentido colocar esse bloqueio, sentir isso, sendo que tudo o que eu mais queria era me sentir junto, era me conectar com todos! E eu não queria que as pessoas vissem uma Natalia que eu não sou, não queria transmitir isso. Mas foi aí que, em vez de me render e desistir, eu escolhi ver além do filtro que eu havia escolhido usar, e disse pra mim mesma:

Eu não quero me sentir assim! Isso não é verdade! As pessoas gostam de mim, eu gosto delas, e a Verdade é que eu quero compartilhar, eu tenho o que entregar. CHEGA!!! EU QUERO SAIR DISSO!

Talvez muitos não saibam, mas eu sou aluna de uma escola chamada Coexiste, que é diferente de outras escolas do mundo. Lá, aprendemos sobre uma nova forma de ver a

Vida, o Amor e os relacionamentos. E foi lá que eu fui conhecendo muito mais sobre mim e de onde vem muito do que compartilho com você hoje. Na mesma semana do meu pedido, todos os alunos foram para um dos eventos mais importantes do curso, que aconteceu no interior de São Paulo com a galera que eu estudo. Naquela época da viagem, esse medo e essa insegurança sobre me expressar estavam vindo à tona. Estávamos em um hotel lindo, a decoração do evento era toda numa vibe de céu, a coisa mais linda, da cor do meu feed do Instagram! Hahahaha! E no intervalo das aulas, eu e o meu amigo Erick Mafra nos ajudávamos a pensar e a tirar fotos bem legais pra compartilhar com você!

Era meio da tarde e encontramos um jardim superfofinho no hotel. Nossa, a gente estava tão, mas tão feliz de estar lá! Tudo estava legal, gostoso e leve. Tiramos fotos lindas um do outro e eu estava sentindo coisas incríveis! Até que saiu essa foto aqui, ó:

Consegue sentir a vibe em que eu estava? Daí, lá fui eu preparar pra postá-la no Insta. MEU DEUS, TRA-VEI. O medo voltou.

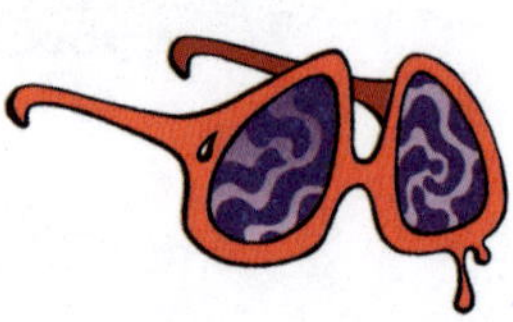

Fiquei mal, fiquei zoada. O Erick viu que eu mudei toda minha expressão e que fiquei quieta. Até que ele perguntou:

"Nah, o que você tá sentindo?". E eu não conseguia falar, só comecei a chorar e querer esconder meu rosto. E ele insistiu: "Nah, me conta. Você precisa me falar o que você está pensando, o que você está sentindo".

Então eu coloquei pra fora, disse o que eu pensava sobre mim, que eu me achava incapaz de expressar o que eu estava sentindo para as pessoas e que eu queria fazer isso para compartilhar tudo com todos, mas que estava me sentindo incapaz. E ele me levou até meu professor da Coexiste, o Kaw Yin, e disse: "Se você quer sair disso, se você quer compartilhar Você de Verdade com Todos, fale tudo pra ele e ele vai te ajudar".

E então cheguei na frente do Kaw Yin, e eu lembro que não conseguia falar. Eu olhava pra cara dele e só conseguia chorar. Até que eu me abri: "Eu estou passando mal porque acho que não sei me expressar para as pessoas, não consigo nem escrever uma simples legenda pra essa foto!", disse, chorando. Era um momento em que, depois de dois anos de dedicação e treino constante, me autoconhecendo e retirando os filtros ou barreiras que me impediam de decidir e de ver corretamente, eu estava finalmente aberta e realmente querendo uma solução. Foi então que o Kaw Yin me olhou, como se sorrisse com os olhos, e muito, muito amorosamente, disse mais ou menos assim: "Nah, olha só a foto que você tirou, você é muito expressiva, você estava sentindo coisas legais e dá pra ver, você sabe disso! Para de pensar nisso, ao que você está apegada neste momento, acalma seu coração, respira fundo, olha de novo. Você se gosta. Você só não se gosta quando fica inventando isso que você tá inventando agora. Não é verdade que você é fechada. Você é aberta, você quer se comunicar".

Como eu estava sinceramente pedindo uma solução, aquela orientação clareou a minha mente de maneira que eu pudesse VER que aquilo tudo que eu estava sentindo não fazia sentido, que era realmente uma mentira sobre mim.

E foi a partir desse dia, meu amor, que escolhi retirar um dos filtros que me impediriam de estar aqui, agora, com você, ESCREVENDO MEU PRÓPRIO LIVRO. MANO DO CÉU!!!!!!! Tchau, medo.

Quero muito que você saiba, meu amor, que sair do medo é muito possível, que você é livre para sair dele sem medo de ser julgado, de não ser aceito, sabe? Eu digo isso porque hoje eu me sinto assim, me sinto capaz e alegre em expressar tudo o que eu sinto em palavras ou qualquer outra forma. Hoje sou livre pra expressar o que eu quiser, me sinto SOLTA, sem bloqueio! Eu me sinto livre pra contar pra vocês e compartilhar tudo. Não tenho mais medo das palavras, hoje as palavras são minhas amigas e ferramentas! Ferramentas para expressar, com vocês, tudo aquilo que eu Sou!

capítulo 4

Rejeição

Às vezes parece que ela está nas coisas, na comida que é ruim, naquela pessoa chata, na sua baixa autoestima, mas como eu já disse, meu amor, os filtros são como óculos que colocamos antes de olhar pra fora e fazermos qualquer coisa. Ela chega e tudo perde o gosto, o sabor de tudo fica amargo, o céu fica escuro e parece que tudo e todos à sua volta falam mal de você, não gostam de você, e, de certa forma, você concorda, porque, com esse filtro, você se vê uma pessoa má e não merecedora de nada que seja bom. É como se você se diminuísse. Tudo parece estar errado e fora de ordem. Curtir não é uma opção, tudo fica chato e tudo o que chega até você se torna uma ameaça.

Com ela você arma suas defesas e pode não se permitir ver o que há por trás de tudo... O Amor.

REJEITANDO TUDO

Algum tempo atrás, uma amiga me convidou para uma viagem a trabalho. Fomos a Los Angeles a convite do marketing da cidade para compartilharmos em nossas redes, tipo Instagram e YouTube, todas as experiências e pontos turísticos de lá! E, naquela época, eu estava num momento muito importante, muito determinada a aplicar no meu dia a dia tudo o que eu estava aprendendo sobre filtros, observando e entendendo os filtros que eu colocava nas cenas, e isso tudo foi um grande aprendizado. Nossa, sério, esperei muito para compartilhar essa história com vocês! Através dessa minha amiga, pude ver claramente como funcionam os filtros. E eu poderia ficar super na minha, sabe? Fazendo minhas coisas, nos meus pensamentos, fechada nas minhas ideias de Natalia. Mas decidi observar e me abrir para o que estava acontecendo à minha volta.

Então, me lembrei de vocês, de que existe outra forma de viver, me lembrei de olhar para o mundo, e logo tive uma sensação de união, de estar conectada com algo maior... às vezes a gente esquece, né? Parece que é só a gente, sozinho, contra esse mundão. É sempre bom ficar lembrando que não... nós não estamos sozinhos. E toda vez que eu começava a ficar preocupada ou pilhada de tanta coisa pra fazer, me lembrava de ficar em paz e, o principal, eu queria estar bem para cuidar das pessoas que estavam ali na viagem comigo.

E, ahhhh, essa minha amiga é uma youtuber que talvez você conheça pelas redes. Ela se chama Maddu Magalhães!

Como eu contei agora há pouco, eu estava aprendendo tanta coisa e queria muito incluir todos que estivessem à minha volta no que eu estava vivendo. Sabe quando você descobre algo muuuito legal e não dá pra guardar só com você? Eu havia descoberto que a Vida poderia ser vivida sem filtros. E foi assim que eu fui viajar.

Fomos eu, a Maddu e nossas acompanhantes: Jô, da equipe da Coê, que estava me dando suporte na viagem, e a Lu, que trabalhava no canal da Maddu.

Naquela época, a Maddu estava num momento de muita ansiedade, preocupada com trabalho, e pra mim era difícil, às vezes, ficar tranquila, porque eu acabava também entrando nessa vibe de inquietude.

No primeiro dia da viagem, tudo que a Maddu fazia, de certa forma, vinha com uma sensação de preocupação, ansiedade, insegurança, pressa, reclamação, e eu acabava ficando pilhada também.

Os primeiros dias foram crazy! Mas sou muuuito grata, pois pude ver através dela algo que não conseguia ver quando estava sentindo as mesmas coisas em mim: quando estamos usando algum filtro, ficamos assim.

Talvez, meu amor, você pense que rejeição é apenas quando nos sentimos rejeitados, não aceitos, excluídos etc. Ok, isso também é, mas rejeição também é quando não nos abrimos para receber o que está acontecendo, ficamos fechados com preocupações e imaginações na nossa própria cabeça... de certa forma, bloqueamos tudo o que chega, e, assim, confirmamos nossos filtros.

Lembra quando falamos sobre isso lá no comecinho do livro?!

Não tinha muito como conversar, eu ficava só observando e tentando não julgar o que estava rolando, mas a coisa mais importante que eu poderia fazer era ficar bem comigo mesma, sem ficar ansiosa também, porque senão seriam duas pessoas preocupadas, e, nisso, ninguém se ajuda, hahaha.

Nas gravações pro canal, a gente dividiu a viagem em duas partes. Numa parte eu gravaria com ela para o meu canal e, na outra, a Maddu gravaria comigo pro canal dela, pro vlog não ficar igual, ou seja, seriam dois episódios!

Um dos passeios era para o parque da Universal, e lá tem o parque do Harry Potter, de quem a Maddu é muuuuuito fã!

Rolou um conflito sobre gravar snaps das partes que seriam vlog da outra, ou seja, se ela gravasse snaps de coisas que iam para meu vídeo e vice-versa, não seria mais uma novidade para o público, sabe? Então estávamos nessa situação de "ai, não posta no seu snap" e blá-blá-blá, até que eu parei e vi que estava um clima estranho, e então decidi falar de uma maneira sincera e tranquila com ela: "Maddu... tá tudo bem, não tem nada a ver sentirmos isso, vamos parar e focar. Estamos nos curtindo, nos gostando e querendo compartilhar tudo pra quem for assistir no vlog!".

Ela já estava no modo reclamação, então tudo o que vinha servia de motivo para ela reclamar ou encontrar defeitos, tipo aquelas tretas e peripécias de viagem. Mas eu e minha acompanhante, a Jô, mostrávamos que dava pra ver tudo de outra forma.

Lá pelo terceiro dia, estávamos no carro, indo para um passeio, até que a Lu, que trabalhava com a Maddu, começou a chorar e se sentir mal com alguns problemas pessoais. Logo, eu e a Jô começamos a conversar com ela, cuidar dela e ajudá-la a olhar para aquilo de outra forma, e ela foi ficando leve e muito aliviada. E, nisso, a Maddu ficou nos observando com uma expressão curiosa. Até que ela perguntou:

Eu nunca vi ninguém falando dessa forma com alguém... O que vocês falaram para a Lu chegou a mim de uma forma tão em paz e serena, nunca tinha sentido isso, de onde vem isso?

Eu fiquei emocionada, porque vi que ela estava sentindo o que estávamos compartilhando, sabe?

Contei para ela que eu já me dedicava, há algum tempo, a olhar para os conflitos sem os filtros que colocamos, e que todos os dias eu me lembrava disso e da importância de compartilhar isso com todos.

A sua maior segurança está em ser você mesmo, sem conflitos, sem imaginações e sem filtros. E você pode escolher por isso, e todo pedido sincero é atendido...

Logo a expressão da Maddu mudou e ela me contou:

Nah, eu observei muito vocês desde o começo da viagem e, sei lá, tem algo diferente, vocês lidam com as coisas de outro jeito, não tem um ar de estresse, vocês não entram num lugar para resmungar, achar as coisas ruins... aquilo que você disse pra mim no parque do Harry Potter foi tão simples e ao mesmo tempo tão sincero que mudou total o clima estranho!

MANO DO CÉU, ela realmente estava vendo além dos filtros o que estava rolando e, nossa!, a vibe do carro... MUDOU! Ficou um silêncio gostoso e ficamos um tempo nos olhando sem dizer nada. Logo depois de pensar muito no que rolou, ela entendeu porque estávamos juntas ali, naquele momento, naquela viagem.

Ela percebeu o porquê de ter me escolhido, porque, mesmo com tantas opções de pessoas para convidar, ela escolheu justo a mim, mas não porque ela queria uma amiga que viajasse junto a trabalho... não. Nada é por acaso, meu amor, ela estava procurando e querendo exatamente o que eu estava aprendendo naquele momento, que era o que eu tinha para entregar. Ela havia feito um pedido sincero, e, meu amor, todo pedido sincero para ver além dos filtros é atendido.

O amor não deixa ninguém sozinho...

E TENHA CERTEZA,

nós somos

MUITO

amados

Nada é por acaso, meu amor. Assim como o fato de você ter escolhido este livro!

Os olhos da Madduzinha encheram-se de lágrimas e isso me fez sentir gigante, cheia de alegria, me senti útil de verdade. E, exatamente nesse momento, chegamos ao destino do passeio: DISNEYLAND! E, mano do céu, que dia mais brilhante foi aquele! Estava tudo tããão alegre, doce e leve. Eu observava a Maddu e ela estava curtindo, usufruindo junto comigo. Nós topamos ficar juntas MESMO e tudo colaborou para um fluxo. Nossa, lembrei agora que tem um vídeo no canal desse dia! SIM, exatamente nesse dia de mudanças, gravamos lá! E, sabe, é engraçado contar pra você que, antes daquele vídeo, rolou tudo isso! Nós estávamos muito emocionadas e inspiradas.

Mesmo que a gente caia em situações que pareçam automáticas, que usamos para ficar irritados, estressados, reclamões, ou seja, rejeitando tudo a todo momento, eu estava demonstrando que tinha outro jeito, e, meu amor, isso despertava nela um interesse e uma vontade de permanecermos juntas e leves nesse lugar, sabe? Ela foi vendo que era uma mudança de ideia mesmo, que ficar trancada num lugar de rejeição a tudo só a mantinha numa sensação de isolamento, solidão e raiva. E, nossa, meu amor, aquilo foi me preenchendo de uma forma, pois, quando você ajuda alguém a olhar além dos filtros que o machucam e o deixam triste, não existe no mundo sensação melhor que essa!

Na penúltima noite, fomos para uma balada, já que a viagem estava acabando. A balada era super escura, um som pesado, uma galera bem mais velha. A Maddu começou a ficar incomodada e me disse: "Nossa, que saco de balada! Tá tudo chato, pessoas estranhas, a música é ruim e eu estava esperando que fosse tudo incrível hoje". E, nisso, eu estava dançando, me divertindo, quando olhei pra ela, vi que ela estava no filtro da rejeição. Eu falei: "Então... a gente não precisa depender de nada do ambiente da festa pra ficar feliz, sabe? Eu não espero nada que venha de fora, eu me permito ser feliz em qualquer lugar e a qualquer hora. Com expectativas em algo e reclamando nada vai ser legal".

Ela só me olhou, fez que sim com a cabeça, ainda meio contrariada, e falou para sairmos do camarote e irmos para a pista. Daí em diante, tudo mudou. Continuamos dançando, e vi que ela tinha ficado com a nossa conversa na cabeça. Logo ela mudou a expressão, começou a sorrir e dançar junto com a gente, em outra vibe!

Nisso, na mesma balada que antes era escura, acenderam alguns neons de corações que eram decoração nas paredes... o DJ que tocava uma música mais pesada foi substituído por uma DJ que se parecia com uma fada, incrivelmente maravilhosa, e só restaram pessoas na pista com a mesma vibe. MANO! Sério, aquilo parecia mágico, mas não foi mágico, houve uma mudança. A Maddu chegou pra mim, sorrindo de orelha a orelha e disse:

"Obrigada por me ajudar a quebrar minha sensação interna de que eu não gostava!" Essa frase eu nunca mais esqueci. NUN-CA.

Talvez, meu amor, acompanhando pelas fotos e vlogs, pareça apenas uma viagem, mas que feliz poder compartilhar com você tudo o que aconteceu lá. Essa viagem mudou completamente a Maddu e a forma como ela vê o mundo. Hoje, ela também se dedica a estudar e treinar todo esse conteúdo, e nos tornamos parceiras em viver isso e ajudar as pessoas a verem e viverem a Vida sem filtros.

Então, sempre que você perceber que colocou os óculos da rejeição, lembre-se disso e da gratidão que podemos sentir por ter alguém ali, mesmo que naquele momento a pessoa não esteja sendo ela mesma. E tenha uma única certeza: ela, a Jô, a Maddu, a Lu, você, eu, somos todos Amor.

EU SOU REJEITÁVEL

Naquela semana eu estava pensando muitas coisas sobre mim, e todas eram ruins. Eu estava ficando com um menino, a gente já tinha ficado algumas vezes e eu sempre me sentia muito insegura, meus dias eram uma montanha-russa de sensações.

Ia rolar uma festa e, um tempinho antes, nós comentamos sobre ela, mas não combinamos nada. Aí, o dia da festa foi se aproximando e eu estava mega-animada, imaginando e esperando que iríamos juntos. Quem nunca? Fiquei na minha cabeça: é claro que vamos juntos, vou mandar mensagem pra ele. E então, no dia, mandei algo do tipo:

Tá animado pra hojeeee? E estava pensando aqui...
que horas podemos ir?

Mas eu já estava insegura antes mesmo de mandar a mensagem. Dito e feito.

Ele respondeu:

Ahhhh, então... posso ser sincero com você? Eu tô a fim de ir com meus amigos hoje! Na real já até combinei com eles!

E eu respondi:

Nãooo, claro, tudo bem, eu também combinei com as minhas amigas, boa festa!

Ele:

Ahh, beleza!

Meu estômago retraiu, meu coração apertou e meu corpo ficou fraco por um momento. Mas eu iria pra festa mesmo assim, porque parece que, quando a gente está mal, sair ou fazer algo vai mudar o que a gente está sentindo. Mas, no fundo, eu sabia que só estava fingindo estar tudo bem pra mim mesma, porque eu já estava usando o filtro da rejeição, então tudo que acontecesse eu ia ver com esse filtro.

E, assim, meu amor, no momento em que você está no filtro, você fica tão envolvido que nem percebe que é aquilo que você mesmo escolheu ver.

Chamei minhas amigas para irem em casa, tomei banho, escolhi um look, me maquiei, mas, mesmo fazendo tudo isso, meu coração não estava tranquilo.

A gente sente quando tem algo de errado...

Minhas amigas chegaram, contei pra elas sobre tudo que tinha rolado, mas que mesmo assim eu queria ir.

Chegamos à festa e logo o vi se aproximando. Deu oi para as minhas amigas e, quando chegou em mim, me deu um abraço apertado e disse:

— Você tá linda!

Ele foi para um lado e eu para outro.

Eu fui pra pista e ele estava lá com os amigos, e eu com as minhas amigas, como se a gente não se conhecesse ou nunca tivesse tido nada junto. Nossa! MANO DO CÉU! *Que estranho*, sério, pensei.

Ele estava do meu lado, mas, ao mesmo tempo, tão longe, e eu me perguntava o porquê daquela situação. Não fazia sentido, e então a festa foi rolando assim, nessa vibe...

Um dos amigos dele veio me dar um "oi" superfofo, e, nisso, vi todo o grupo de amigos dele. Fui falar com eles, e entre eles estava uma garota que eu já conhecia, já tínhamos nos cumprimentado em vários rolês e até nos seguíamos no Instagram. Fui mega-animada falar com ela: "EAAAAAAAI!". Ela me olhou de cima a baixo e perguntou "Errrrr, eu te conheço?". Eu olhei pra ela e fiquei "hãããã?!?!". Ela continuou com uma cara de desprezo, sabe? E eu virei e falei, sem jeito, "Mano, você tá zoando? A gente se conhece". E ela apenas virou a cara e deu uma risada irônica pras amigas dela. Aquilo foi a gota d'água pra mim.

Eu me senti exatamente como eu estava querendo me sentir: rejeitada. O que eu estava pensando sobre mim antes de ir pra balada se expressou em uma cena ali, na minha frente. É assim que os filtros funcionam, e eu fiquei em estado de choque interno, não acreditava que eu estava sentindo aquilo sobre mim porque a questão não era ele ter ficado longe de mim a festa toda, ou a garota em si, ou o que ela falou... eu vi o que eu estava querendo sentir, e era horrível. Se eu sentia, era porque aquilo estava dentro de mim. E, meu amor, mesmo com tantas pessoas querendo meu bem, me mandando mensagens lindas pela internet, pessoas que gostam de mim e me elogiam... não, não adianta. Quando você quer confirmar algo, você coloca aquele filtro, e não para até ter certeza de que aquilo que você pensou era real, porque você viu bem na sua frente...

Não tem diferença entre eu e você, meu amor. Sei lá, quem nunca se sentiu rejeitado independentemente da situação? A gente usa até a situação de "A pessoa não tá me respondendo no WhatsApp", ou quando alguém que você conhece passa por você e não te cumprimenta, e você se sente rejeitado, ignorado ou não gostável... quando, na verdade, ela só não te viu.

Fui pra casa chorando MUITO e teve um momento em que eu virei pra mim e falei:

Decidi ligar pro Erick, e contei tudo o que eu tinha sentido e o que havia acontecido. Talvez, meu amor, se você pedisse ajuda ou até um conselho para um amigo seu, que é pra isso que "servem os amigos", ele dissesse:

"NOSSA, mentiiiira que ele fez isso com você!", ou "NOSSA, que menina idiota, affff...", ou até "Você deve estar bem mal com isso, eu também ficaria no seu lugar".

Mas eu e o Erick sabemos que tem, SIM, um outro jeito de olhar para tudo, e nós sabíamos que eu havia escolhido sentir aquilo, usar aquele filtro.

Logo ele foi me acalmando e me lembrando do quanto eu sou amável, o quanto as pessoas gostavam de mim.

Mas, durante a conversa, vi que eu estava muito, mas MUITO resistente. Eu estava com uma sensação de prisão, sabe? Parecia muito difícil mudar de ideia, largar aquilo que eu estava pensando e sentindo tão forte, como se não tivesse saída.

E ele foi me mostrando que o que eu estava querendo fazer era baixar minha autoestima, e então ele me ajudou a me lembrar do tamanho que eu tenho. Do quanto eu sou importante na Vida de muitos corações. E que, toda vez que escolho um filtro e acredito que aquele filtro é real, eu fico tentando confirmar para parecer que realmente é verdade, que aconteceu e ponto.

Eu fui vendo que, como eu mesma tinha me colocado naquilo, eu mesma teria que sair, que a decisão era minha.

Tive que trocar a maneira como estava encarando aquela situação, porque, olhando a partir do filtro, eu nunca ia sair daquelas sensações. E, por um momento, eu baixei a guarda para olhar novamente, agora sem filtros, e ele me disse algo que, tenho certeza, vai ser muito útil para você, meu amor. Então, agora compartilho com você, para que, sempre que quiser, possa ler:

Aquiete seu coração, olhe de novo e diga para você: eu desisto de todos os julgamentos que eu fiz, pois eles não são verdadeiros. Eu estava enganada. Eu quero olhar de novo. Eu quero ver a Verdade sobre os fatos. A Verdade sobre os fatos é feliz, a Verdade sobre os fatos é Alegre. Eu sou Alegre.

Eu vi que, quando eu sentia medo, era porque eu não tinha visto direito. Eu realmente tinha que querer desistir de tudo que eu estava inventando e que parecia tão real, mas que não tinha a ver com a minha real natureza.

Porque, meu amor, o que nós somos não pode ser rejeitável...

Eu quero ser pra você esse lembrete, assim como fui lembrada, pois é muito importante poder usar as pessoas como uma senha de uma lembrança do Amor, toda vez que estivermos olhando pelos filtros do medo.

Que nós sejamos um lembrete e nunca nos deixemos esquecer que:

"Eu escolho lembrar as pessoas de quem elas realmente são, através da Verdade do que eu Sou e dos meus Verdadeiros Sentimentos".

E é por isso que eu estou aqui, meu amor, para te lembrar também com este livro em suas mãos. Assim como eu contei com um amigo, quero que, agora, você conte comigo.

TCHAU, REJEIÇÃO!

O amor
NÃO
REJEITA
nada

capítulo 5

Raiva

É tipo um bichinho, que parece pequenino e vai ganhando tamanho, tamanho, e ele cresce. E cresce bastante... e, não, ele não cresce de repente. Tudo que cresce é alimentado, e com o bichinho não é diferente, não. Alimentado por quem? Por aquele que quer que o bichinho cresça para usá-lo do jeito que bem quiser, já sentiu isso? Até que você vai querendo manter e vai alimentando de pouquinho em pouquinho, e ele se espalha por todas as suas entranhas. Tensiona, pesa e... EX-PLO-DE. ARGHHHHHH!!!!!! O tal bichinho, que antes parecia inofensivo, se tornou o "Hulk", com desejo de brigar, reclamar, controlar, destruir. No fundo, bem no fundo, o que se quer mesmo com esse bichinho é atacar.

No filtro da raiva, você fica possesso e trancado em você. Tudo é uma ameaça, tudo é tempestade, tudo é faísca, tudo é explosivo. O grande engano é achar que a raiva significa força. Mas basta olhar direito e ver que ninguém é seguro nem feliz com o filtro da raiva. Não há paz, não há sorrisos. Há ódio, há medo. Você acha que está atacando o outro, quando, na verdade, está atacando você mesmo.

Na visão do mundo, a raiva te deixa forte, mas a verdadeira força está no Amor. Só o Amor te deixa realmente forte. Só o Amor faz você se lembrar de você e de todos.

Sabe, eu já senti raiva muitas vezes. Ô! Já usei esse filtro para muitas coisas, desde as pequenas até as que eu calculei como sendo "super-raiva". No fundo, é raiva e ponto, independentemente da situação em que ela se expresse, é o mesmo bichinho ali, cuspindo fogo por dentro.

Quando não atendiam o celular:

Aff, qual a dificuldade de atender, mano?

Quando faziam complozinho no colégio:

Que saco!!!

Quando o professor mandava eu ficar quieta na sala de aula:

VOCÊ NÃO MANDA EM MIM.

Quando o nerd da sala só tirava 10:

Nossa, hein, parabéns!!!

Quando o ônibus passava reto por mim, e eu atrasada:

IDIOTA!!!

Quando eu ficava parada no trânsito:

Por que esses carros não andam?!!?

Quando a unha quebrava:

Arghhh, bem comigo!

Quando uma espinha aparecia bem num dia que não era pra aparecer:

Que injusto!!!

Quando acabava a luz de casa:

Não acredito que vou ficar sem bateria no celular!

Quando o cabeleireiro cortava meu cabelo mais do que eu tinha pedido:

Vou te matar em 3,2,1...

Quando batia o dedinho do pé na quina da cadeira ou sofá:

%#$%@$!!!!!

Quando minha mãe falava pra eu comer até o fim:

Que saco, eu não tô mais com fome.

Quando meu pai falava pra lavar as mãos antes de comer:

Eu não vou comer com as mãos, ué, vou comer com o garfo.

Raiva de... raiva raiva R-A-I-V-A.

Um montão de coisas que hoje eu chamaria de pequenas e que até parecem bobas, MASSSS na hora pareciam as piores coisas. S-é-r-i-o. E o filtro estava sempre lá...

Tinham também as "raivonas".

Quando discordavam de mim.

Quando me insultavam.

Quando mentiam pra mim.

Quando eu via alguém maltratando alguém.

Quando achava que estavam me fazendo de idiota.

Quando imaginava o carinha dando em cima de alguém.

(Raiva = ciúmes = raiva.)

Quando tudo parecia estar dando errado

Quando não cumpriam o que me prometiam.

Na verdade, não existe diferença entre raivinha ou raivona. No fim, é tudo... raiva. E você não está sendo você quando coloca o filtro da raiva. Pois é, além de ficar com raiva e toda irritada, eu me achava chata e, na real, eu ficava insuportável. No filtro da raiva, tudo se torna algo para você descontar, pra você atacar. Eu comecei a ver que no filtro da raiva tudo realmente é RUIM.

Eu e minha mãe sempre fomos muito amigas, muito juntonas, tipo parceiras na real. Nós sempre tivemos um relacionamento muito legal, sempre muito abertas a compartilhar de tudo, su-per-gru-da-das. Tudo o que acontecia, eu ligava na hora pra ela, ou corria pra contar! Hoje nós nos ajudamos muuuito a sair dos filtros juntas, e olhar de verdade uma pra outra, saber o que está rolando, mesmo!

Essa é a Cris, a minha mãe!

Nem sempre foi um mar de rosas, aposto que com você e sua mãe também não é diferente! De vez em quando o bicho, quer dizer, o bichinho, pegava.

Bom, minha mãe tem um sistema de funcionar diferente do meu sistema, quer dizer, no mundo, cada um tem seu sistema, que é só seu. E cada um pensa diferente do outro, cada um tem seu jeito e acha que ele é o melhor. Isso só pode dar no quê?!

E nisso, quando as coisas saem do nosso controle, a gente entra no filtro da raiva...

E não é só isso, porque nossos pais, mesmo sendo pais, também têm os filtros deles... a Cris também pensa, sente coisas, usa filtros e passa por cenas com eles.

Agora pensa: eu com um filtro, vendo as coisas do meu jeito; a Cris com os filtros dela, vendo as coisas do jeito dela.

É claro que nós não vamos nos entender, nem nos comunicar...

Só que isso é assim com todo mundo!

E as coisas vão rolando, cada um no seu filtro, sem nem ao menos parar pra saber o que o outro está sentindo ou se ele está em algum filtro. Está cada um na sua cabeça... mesmo.

Sim, meu amor, nós já discutimos e tretamos muito. Algumas das nossas situações mais "comuns":

NAH COM A CRIS

Quando a Cris me pedia pra ir dormir cedo sendo que eu queria dormir tarde, sair ou ficar assistindo a séries.

Quando a Cris gritava comigo me falando pra não deixar as coisas espalhadas pela casa, mas eu não ligava, nem me importava com organização.

Quando a Cris me pedia pra comer a comida até o final, sendo que eu não estava mais com fome.

Quando a Cris me cobrava de fazer tais coisas, mas essas coisas não precisavam ser feitas naquela hora e eu achava que tudo bem fazer depois.

CRIS COM A NAH

Quando a Nah não ia dormir cedo e, no outro dia, ficava reclamando pra mim que estava com sono e que não ia aguentar fazer o que tinha que fazer.

Quando a Nah deixava tudo dela espalhado pela casa e pelo quarto, mas eu gosto de tudo arrumado.

Quando a Nah deixava quase toda a comida no prato, sendo que eu demorei horas no fogão pra cozinhar.

Quando a Nah não fazia as coisas na hora e eu achava que ela tinha que fazer, porque eu estava mandando, eu reclamava e, no fim, eu acabava fazendo e ficando com mais raiva.

Percebe que cada uma fica vendo uma coisa na sua cabeça e sentindo raiva? Não tem solução por aí...

Eu ficava esperando uma coisa dela, e ela uma coisa de mim, e sempre iriam ser expectativas frustradas e a gente nunca ia se entender.

A solução está em cada uma desistir de usar e alimentar o filtro da raiva pra ficar justificando nas cenas, nas pessoas, nas coisas, em tudo. A gente alimenta a raiva e fica criando situações pra descontar, pra atacar.

Sabendo disso, hoje a gente se ajuda a desistir. Às vezes o bichinho surge, mas a gente

desiste de alimentá-lo, porque quem o coloca lá somos nós mesmos.

É um treino, e nós lembramos uma à outra quando esquecemos.

E nós duas temos um ponto de encontro: cuidar e amar.

De um tempão pra cá, eu comecei a parar diante da raiva e observar, antes de agir junto com ela, no automático.

Não é tão simples desistir, não é tão simples parar bem no meio da raiva, com a cabeça quente. Às vezes, eu observava depois de a situação toda ter rolado e pensava, me culpando:

Pra que tudo isso?

Por que fico agindo nesse lugar que me faz tão mal e faz mal para todos ao meu redor?

Se a raiva fosse nosso estado natural de verdade, por que seria tão desconfortável sentir? É meio lógico, mas não pensamos muito nisso.

Quando está tudo acontecendo, ficar com raiva vai ajudar a resolver aquela situação? Existe alguma situação na qual a raiva pode ser útil de verdade?

Ou escolher a raiva só nos deixa culpados, pois, no fundo, sabemos que a nossa natureza é... Amor?

O Amor é a Verdade sobre nós. A Verdade não precisa de defesas, e, meu amor, pense bem no que vou te perguntar:

Você acha que nossa força está na escolha da raiva ou em quando desistimos dela e optamos por... Amar?

AMOR
É A
FORÇA
NA QUAL
EU CONFIO

capítulo 6

JULGAMENTOS

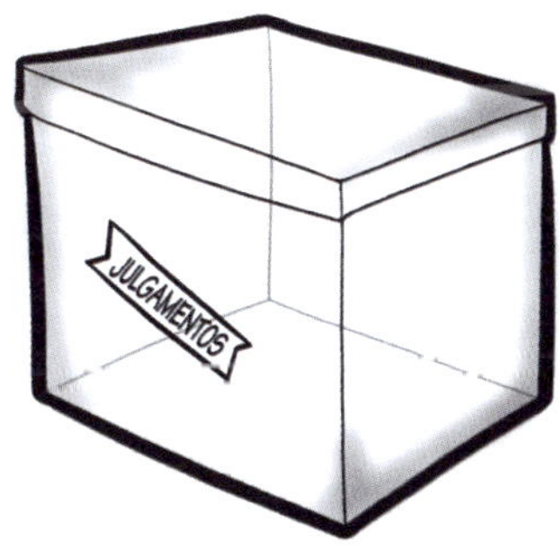

RÓTULOS

Ó, imagine uma caixa. Mas não uma caixa qualquer, e sim uma caixa pequena. Agora, imagine-se dentro dessa caixa. Imaginou? Hum… é apertado, né? E, além de apertado e sufocante, dentro da caixa percebemos que não há luz, e que caixas são escuras.

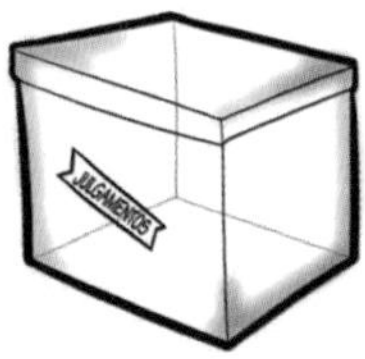

De dentro da pequena, apertada e escura caixa, não sabemos o que há do lado de fora. Não enxergamos nada.

Meu amor, é assim que vivemos quando assumimos rótulos. E eu comecei a ver que me sinto assim, presa, cega, sem ar, enquadrada... dentro de uma caixa.

Desde que chegamos a esse mundão, infinitos rótulos e padrões nos são apresentados, e então nós vamos escolhendo e topando um por um, vivendo com esses padrões, no piloto automático.

— Mas, Nah, o que é um rótulo?

Rótulo é toda vez que definimos algo, damos um nome ou adjetivo, tipo: amigo, não amigo, colega, chefe, namorado, alto, baixo, feio, bonito, loiro, moreno, magro, gordo, calmo, nervoso, bravo, irritado, distraído, relaxado, organizado... ihhhhhhhhh, por aí vai. E pra gente é muito difícil assumir que não sabe algo, então, toda vez que a gente olha para alguma coisa, a gente tenta encaixar em algo que já viu antes, no passado, e dá um nome para aquilo. E aí cada rótulo traz um jeito de se comportar, um jeito que é preestabelecido. Logo, você tem que se comportar daquele jeito e isso gera uma expectativa, ou seja, você gera uma expectativa porque você está definindo algo na sua cabeça. *Rótulo tal age de tal jeito*. Ou seja, rótulos também são filtros.

Rótulos vão desde o que nós mesmos nos rotulamos e vivemos a partir deles até os rótulos que as pessoas nos dão e ficam nos cobrando um comportamento de acordo com o que elas pensam sobre cada rótulo.

Exemplo:

Alguém dentro do filtro "chefe" talvez pense:

Eu tenho que dar conta de tudo. Tudo depende de mim. Se algo der errado, a culpa é minha. É minha responsabilidade melhorar o funcionamento da empresa.

Mas as pessoas que têm um chefe podem pensar: *Chefe é chato. Chefe é mandão. Chefe me tira a paciência. Chefe não me entende. Chefe é folgado.*

Isso é assim com todos os rótulos, assim como:

RÓTULO DE INFLUENCIADOR DIGITAL/YOUTUBER/ INSTAGRAMMER/BLOGUEIRA/ BLÁBLÁBLÁ

Como as pessoas costumam vê-los:

– Têm a vida dos sonhos;

– Têm milhares de fãs;

– São bem-sucedidos financeiramente e pessoalmente.

As pessoas não fazem ideia de como eu sou realmente. Gostaria que as pessoas me conhecessem melhor.

Eu sempre gostei de compartilhar a minha Vida, e isso foi se expandindo com todas as ferramentas que iam chegando. Com a internet e a chegada das redes sociais que fizeram parte disso, logo começaram a criar rótulos e a me chamar de

Expectativa x Realidade

blogueira, instagrammer, youtuber, e isso foi tomando uma proporção imensa...

E, junto com isso, vem o pacotinho de regras, comportamentos e padrões e você acaba se delimitando, e tudo vira um formato.

Blogueira tem que fazer foto de look e falar de maquiagem junto de um "Oi, meninas, tudo bom?".

Youtuber tem que postar vídeo toda semana.

Instagrammer tem que ter um feed perfeito.

Mas eu tenho que me adequar a um padrão de comportamento adotado pela maioria em uma plataforma, ou a plataforma é uma ferramenta para que eu possa compartilhar a minha Vida livremente com as pessoas?

Só que as coisas sempre acabam caindo nesse lugar, onde você se vê enquadrado, sistematizado e encaixado em uma forma, e nesse momento sua espontaneidade foi embora junto com sua liberdade.

Eu sou chamada de youtuber porque uso a plataforma YouTube, sendo que ela é uma ferramenta, entende? YouTube não define quem eu sou, define apenas a minha escolha de usar o YouTube como uma plataforma para compartilhar meu conteúdo. Eu sou o que eu Sou, e isso independe da forma de comunicação.

Talvez você nunca tenha pensado que youtubers, influenciadores, Instagrammers, blogueiros, seja lá como descrever, são iguais a você, são pessoas que também julgam, sentem medo, rejeição, raiva e, no fim, também sofrem com os filtros que colocam, por mais que na internet acabe dando a impressão de que todos vivem "a vida dos sonhos".

SIMMMM! Há alguém por trás da tela, assim como há você... pode parecer que estamos separados, você com seus pensamentos e com sua rotina, e eu aqui.

Mas isso não é assim. Como eu disse lááá atrás, eu não sou diferente de você, nós somos iguaizinhos, e, até aqui, talvez muita coisa do que você pensava sobre mim tenha mudado... e você sente o quanto isso tudo tem nos aproximado? Fico feliz que sim!

Às vezes, as pessoas me encontram, acabam não me olhando nos olhos, pedem pra tirar uma foto e somem do meu olhar, sem que eu ao menos possa vê-las, mas o que eu acabo sentindo é como se elas não tivessem me visto.

É doido ter milhões de pessoas que acompanham a sua "vida" e, mesmo assim, você se sentir não visto. E, às vezes, a solidão parece maior quando percebemos que, mesmo com tantas pessoas lá, continuamos sozinhos.

Algum dia você por acaso pensou em ter muitos seguidores?

Uma das perguntas que mais fazem pra mim é:

— Como é ter tanta gente te seguindo?

Eu sou grata a cada coração que está ali, pronto para receber o que estou compartilhando, e, sinceramente, hoje, me posiciono para compartilhar momentos felizes através dessas plataformas. E se for para gerar conteúdo, que seja um conteúdo alegre, mostrando essa possibilidade, compartilhando uma sensação gostosa em meio a tantos conflitos do mundo, tantas notícias ruins, tanto ódio, guerra e tantos filtros.

Hoje eu sei que essa é a minha missão no mundo, essa é a minha mensagem, e é isso o que me torna verdadeiramente útil, não importa a plataforma, seja YouTube ou uma simples conversa, o que eu quero é usar tudo o que eu tiver para cuidar e para demonstrar que existe uma outra forma de olhar para o mundo e para todas as coisas dentro dele. E, sim, meu amor, eu ainda tenho filtros, mas estou aprendendo a sair deles todos os dias. Eu não quero ficar falando de dentro dos filtros porque os filtros, como vimos até agora, não são verdadeiros, são equívocos. Então, seja nas redes, ou no dia a dia com quem cruzar meu caminho, eu quero demonstrar que essa mudança é possível!

Vamos ser esse lembrete na Vida um do outro?

MELHOR AMIGO

Essa é a Stephanie! Nós somos amigas há MUITO tempo! E ah, ela também estuda na Coexiste, junto comigo e Erick

→ Tem que estar sempre presente;

→ Prioridade sempre;

→ Tratar de forma especial;

→ Não podem ter segredos.

JÁ ACONTECEU COM TODO MUNDO...

Você encontra alguém muuuito legal, que te faz rir, gosta das mesmas coisas e de passar o tempo com você. Tudo o que vocês fazem juntos, mesmo que seja fazendo nada, fica legal. E aí o tempo vai passando e vocês ficam, tipo, grudados, mas logo entra uma sensação nova... você começa a destacar e diferenciar aquela pessoa das demais pessoas, as coisas vão mudando e o que você sentia no começo já não é mais igual e logo você percebe que vocês se tornaram... melhores amigos!

Você sabia que isso também é um rótulo? É muito bobo quando damos um nome pra algo que gostamos muito de fazer, parece que agora aquilo tem que se encaixar num formato...

— Agora ela é minha melhor amiga, então eu tenho que...

Ei! Mano do céu! Não caia nessa, não... REAL!

Eu já tive melhores amigos, mas, junto com esse rótulo, entra uma sensação muito ruim, que não entendemos de onde vem, que é a de competição, de comparação, de cobrança, umas paranoias de ter que ficar cumprindo com um jeito de se comportar, e você acaba esquecendo por que vocês se gostavam tanto no começo e daquela leveza de quando se conheceram...

Hoje, minha relação com meus melhores amigos já mudou, e ainda tem mudado MUITO! PRA MELHOR!

Até porque, hoje, eu e eles já pensamos diferente e nos ajudamos a sair de todos esses filtros! Quero te mostrar como um amigo pode agir dentro de um filtro e como podemos nos usar para sair deles. Que tal?

Vamos juntos?

PARTE 1

Amiga, vamos pra festa! Tá todo mundo indo!
Eu não vou, amiga, pode ir... hoje eu acordei me achando feia, nada fica bom em mim!
Nada a ver, amiga! Passa uma make bonita, se você não for, eu não vou sozinha, né...

PARTE 2

Amiga, vamos pra festa! Tá todo mundo indo!
Eu não vou, amiga, pode ir... hoje eu acordei me achando feia, nada fica bom em mim!

Amor, pera, o que você tá sentindo? Você percebe que isso não tem nada a ver com a sua aparência ou com a roupa? Ó, você não precisa ir, se não quiser, mas vamos olhar juntas para o que você tá sentindo?
Sim, eu sei, eu não gosto de sentir isso, e eu fico querendo me isolar, mas obrigada por me lembrar...

Meu amor, não existe uma receita pronta do que falar ou uma forma certa de como ajudar alguém a sair de um filtro. O que você precisa fazer é observar seu amigo sem julgar e encontrar um lugar dentro de você que tem interesse em levar para ele uma sensação que o faça se sentir bem.

Lembra quando falamos sobre o quanto pensamos coisas "erradas" sobre nós mesmos e queremos provar que isso é assim? As pessoas fazem isso o tempo todo e nem percebem.

Só de olhar do lado de fora, vendo a pessoa dentro do filtro e sabendo que aquilo que ela está pensando e vendo não está de fato acontecendo, já é uma ponte para conseguir tirá-la dessa caixa. Palavras bonitas não confortam o coração quando são vazias, mas lembre-se, meu amor: tudo o que estamos aprendendo aqui, juntos, já nos mostra que não estamos mais sozinhos. Assim como eu não estou sozinha ao te lembrar de que existe uma Vida fora dos filtros, toda vez que você se lembrar ou lembrar alguém disso, você também não estará sozinho. E o que tiver que ser dito você vai saber na hora, tendo interesse genuíno no cuidado e no carinho.

PARTE 1

Amor, o que tá rolando?
Por que você tá irritada?
NADA.
MANO, FALA!!!
TÁ TUDO BEM...
Ah, beleza
então.

PARTE 2

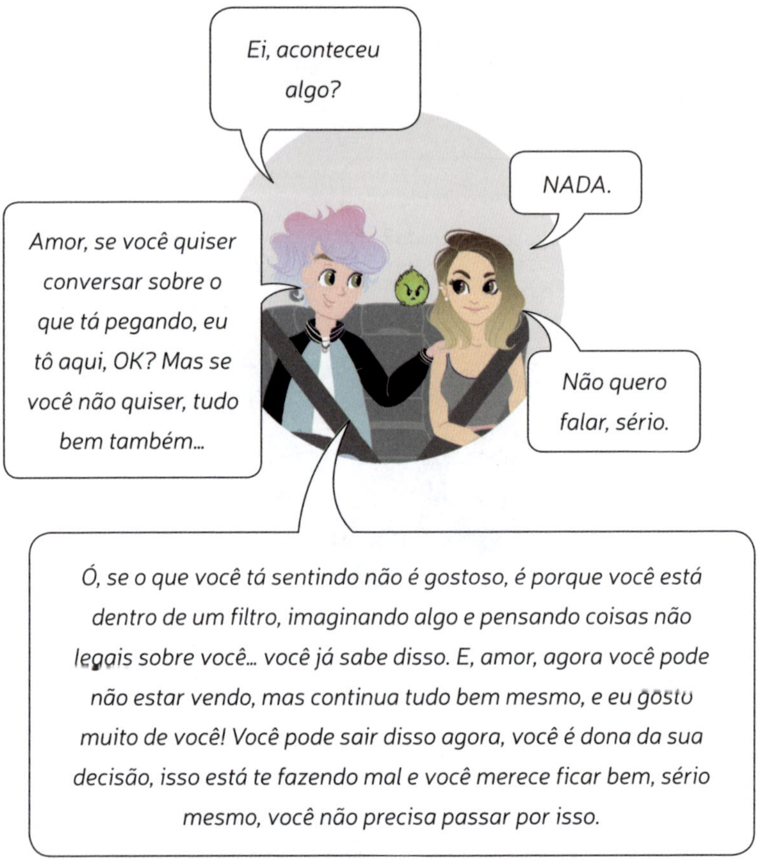
Ei, aconteceu algo?
NADA.
Amor, se você quiser conversar sobre o que tá pegando, eu tô aqui, OK? Mas se você não quiser, tudo bem também...
Não quero falar, sério.
Ó, se o que você tá sentindo não é gostoso, é porque você está dentro de um filtro, imaginando algo e pensando coisas não legais sobre você... você já sabe disso. E, amor, agora você pode não estar vendo, mas continua tudo bem mesmo, e eu gosto muito de você! Você pode sair disso agora, você é dona da sua decisão, isso está te fazendo mal e você merece ficar bem, sério mesmo, você não precisa passar por isso.

Como eu disse antes, meu amor, não existe uma receita pronta pra tirar alguém de um filtro. Nem sempre você vai precisar dizer ou fazer algo, o mais importante é que primeiro você precisa estar sem filtro, pois apenas sentindo Amor, carinho e gostando da pessoa, reconhecendo que ela não é daquela forma que ela está acreditando, já é o suficiente. Assim como rolou ali na cena, onde o bichinho da raiva ficou fraco quando eles lembraram que se gostam!

Precisamos também ver se a pessoa quer retirá-lo, porque quem escolheu o filtro foi ela e só ela pode decidir sair. O seu papel pode ser o de lembrar quem ela é, quando ela se confundir, mas sempre que ela permitir. E, quando você fizer isso, sem querer nada em troca, essa sensação de missão cumprida encherá o seu coração de gratidão, pois, assim, nos sentimos verdadeiramente úteis.

O que realmente importa é o que você está sentindo e o que você quer que chegue ao coração dela.

Muitas vezes nós achamos que ser um amigo é entrar no filtro junto com o nosso amigo, pra ele não ficar lá sozinho, mas isso só faz os dois ficarem perdidos e, logo, ninguém salva ninguém. É assim que o rótulo de melhor amigo funciona nas relações, cada um na sua caixinha, vendo o outro a partir da caixa, esquecendo que nossa função nas relações é nos ajudar a sair da caixa, pra fora de todos os rótulos, rejeições, medos, raivas, e não permitir que nos esqueçamos do Amor.

RÓTULO DE NAMORADA

→ Tem que ser fiel ao namorado;

→ Sente ciúmes;

→ Se sente insegura;

→ É desconfiada;

→ Sempre tem o controle.

Preciso ser a melhor.

Não posso perdê-lo.

Desde que me lembro por gente, o mundo foi me ensinando que eu tenho que arranjar um carinha, que eu tenho que encontrar alguém que diz me amar e que eu o ame igual. Um príncipe encantado, lindo, que vai cuidar de mim, que vai me completar e que, sei lá... vai dormir de conchinha e vai ver Netflix comigo comendo chocolate. Hahahaha! Logo... um NAMORADO. E, logo... viramos "A NAH MORADA"... hahahaha. Quem nunca?

Eu, Nah, já me enrosquei muuuito nessa história de namorado. E a galera sempre me pergunta:

@nahcardoso Nah, você namora?

@nahcardoso Nah, você não tem namorado não?

@nahcardoso Nah, e os crushes?

Tipo, uma cobrança do mundo, como se isso fosse e tivesse que ser a coisa mais importante do universo. E toda vez que eu posto foto com algum amigo, já começa aquela CHUVA de comentários "Tá namorando?", "Hummm, eu shippo, hein!", e toda aquela junção de nomes e suposições... Mas com certeza você também já foi pego por aquela frase típica de evento em família: "E os namoradinhos...?".

Então eu reparei que desde pequenininha, tanto brincando com bonecas Barbie, ou até mesmo com minhas amigas no colégio, era sobre isso. Pois é, na escola, parecia que tudo rodava em torno de:

O menino X gosta da menina X, a menina X quer beijar o menino Y, o menino Y gosta da menina Z, que nem liga pra ele, e assim vai...

E, no meio dessa história toda, tem um monte de coisas em jogo, mas o que pega mesmo na nossa ferida é o que pensamos sobre nós. Eu já conheci muitos meninos por aí, desde a época do colégio. Com uns 12, 13 anos, eu lembro que eu era apaixonada por um tal de... (vou inventar um nome fictício, OK? hahaha), Rafael, mas ele não me dava bola. Ele, na verdade, ignorava a minha existência. *Por que fui logo gostar dele?!*, eu me perguntava.

Na época eu usava aparelho fixo e não gostava nem um pouco, não sorria direito em fotos e ficava meio sem graça sempre.

Enfim, eu achava que algum dia ele ia gostar de mim e que eu ia perder meu BV com ele.

Boca Virgem: Perder o BV é quando você beija pela primeira vez.

Mas, nossa, eu via que eu ficava sentindo e pensando coisas do tipo: *eu não mereço o Rafael, não sou tão legal, não sou interessante*. Eu ficava me sentindo como se eu não fosse importante e me sentia muito pequena quando pensava essas coisas por causa daquele garoto.

Numa viagem de formatura da oitava série, eu pensei: *Finalmente vai rolar!*, e falei para as minhas amigas, elas estavam mega me apoiando, dando aquela forcinha que toda amiga quer dar nessas horas, sabe? Fiquei nessa expectativa...

Até que... ELE BEIJOU UMA MENINA DA OUTRA SALA. Naquele momento, parecia que eu era a pessoa mais dispensável EVER!!!

Mas hoje eu vejo que eu não estava procurando realmente alguém para gostar e ser feliz, apenas se tratava de procurar um menino pra dizer que eu sou legal, que eu sou mais importante por ter alguém ao meu lado, ou mais aceita por isso... e fazemos isso por não saber que já somos legais, já somos importantes e já somos aceitos! Então, hoje eu vi que o que eu procurava era falar mal de mim através dessa história de "preciso de um namorado". Quando eu pensava nisso, eu via que sentia uma falta, um buraco, um vazio no peito. *Como vou preencher esse vazio?* E eu achava que isso ia me preencher. O Rafa não foi o primeiro e nem o último menino que eu usei pra sentir essas coisas.

E, aí, aquela pequena Nah cresceu! Eu estava, então, com 20 anos, e aquelas mesmas sensações continuavam lá... mas agora eu estava dentro do filtro mesmo, eu estava namorando.

Meu amor, vou inventar um nome para esse crush também, tá? Hahahaha, vamos chamá-lo de Vini...

Ao assumir esse rótulo, você passa a ter comportamentos automáticos de como uma namorada pensa, fala e age e nem percebe.

Vou mostrar, meu amor, algumas cenas pra você poder ver...

QUANDO VOCÊ NÃO CONSEGUE SE RELACIONAR COM AS PESSOAS AO SEU REDOR SEM PENSAR NELE...

Talvez você ache normal, meu amor, ou até que sejam sintomas de uma paixonite pensar o tempo inteiro no seu crush! Masssss... será que é mesmo normal ficar com a cabeça pensando sempre na mesma coisa? Será que você está mesmo ali? O Amor é presença, não ausência.

QUANDO VOCÊ ACHA QUE FICOU EM SEGUNDO PLANO...

Percebe, meu amor, que nesse filtro você quer ter o controle de tudo o que acontece e... quando as coisas não acontecem da forma que você queria e imaginou, isso te deixa muito contrariada? Será que nós temos controle de algo, mesmo? O Amor vem da liberdade ou do controle?

QUANDO VOCÊ ACHA QUE PRECISA AGRADAR E CEDE EM ALGUNS MOMENTOS, FAZENDO COISAS QUE, TALVEZ, VOCÊ POR SI SÓ, NÃO FIZESSE.

Às vezes, parece que está tudo bem você fazer algo que, no fundo, você não concorda para estar com alguém... você tem medo de contar o que sente e pensa? Mas você já se perguntou se tem algo que você está querendo em troca fazendo isso? Lembre-se... O Amor não pede nada.

Parece que quando você e a outra pessoa fazem um combinado: "Você quer ser minha namorada?", "Sim!", e assumem isso, tudo fica diferente. É como se viesse um pacotinho de "Como ser uma namorada ou namorado a partir do que cada um aprendeu sobre isso".

Mas pode ser que ele não faça o que eu acho que um namorado deve fazer, ou que eu não cumpra com o que ele espera de mim como namorada.

Ela aprendeu uma coisa sobre o que é namorar...

Ele aprendeu outra...

Não necessariamente as ideias que você tem sobre a pessoa são o que ela realmente é. E a pessoa não vai se comportar do jeito que você está imaginando. E isso gera conflito, não entendimento e não comunicação. Enquadrando nisso, você já não enxerga a pessoa de verdade. Quando você define algo, você estabelece um conceito, ou seja, você entra no filtro do rótulo. E aí, meu amor, você fica se relacionando com ideias, com definições e com quereres sobre a pessoa, e não com a pessoa, sabe? Eu espero que ela "aja assim ou aja assado".

E, no fim, o que rola é...

Cada um na sua caixa.

Meu amor, até quando tentaremos delimitar algo tão grande como O Amor?

O Amor não é limitável.

O Amor não é rotulável.

O Amor é infinito.

O Amor abrange tudo.

O Amor não cabe em uma caixa.

E eu sou O Amor.

Você é O Amor.

Nós somos O Amor.

Por que eu sinto o que eu sinto me comportando assim?

Por que eu penso que eu devo ser desse jeito e não de outro?

Por que eu me sinto culpada quando faço algo que eu penso que é errado? E quem determina o que é certo e errado?

Por que eu me sinto cobrada a seguir esse rótulo?

METIDA
FRÁGIL
MIMADA
DESORGANIZADA
INFLUENCIADORA
FÚTIL
CHATA

AMOR
AMOR
AMOR
AMOR
AMOR
AMOR
AMOR

Meu amor, venho escrevendo, abrindo meu coração e mente para compartilhar com você uma visão mais verdadeira e sincera que podemos ter de tudo que diz respeito à nossa Vida. Não estou aqui para ser contra nada, e sim para te contar que eu decido diariamente retirar filtros que me impeçam de estar perto do que realmente Sou. Filtros que me apagam. Filtros que me distanciam das pessoas e elas de mim.

É muito, mas muito bizarro levarmos a Vida sem nos questionarmos sobre o PORQUÊ de coisas que carregamos conosco o tempo todo. Chega, sei lá, a ser engraçado. Mas, na real, só estamos distraídos. E este livrou surgiu dessa intenção: não mais nos distrairmos assistindo à nossa Vida passando diante dos nossos próprios olhos, sem ao menos pedir uma resposta sincera para a pergunta:

POR QUÊ?

capítulo 7

CONTROLE
DOS
FILTROS
MEDO
TRISTEZA
RAIVA
RÓTULOS
REJEIÇÃO
AUSÊNCIA

CONTROLE

Conhece um aparelho que tem na maioria das casas? Um aparelho que muuuitas vezes você já teve em mãos e já usou. Um aparelho que te dá um certo poder: você liga a hora que quiser e, com ele, você escolhe, seleciona, coloca no mudo, ou seja, você controla o que deseja assistir.

Esse aparelho se chama... CONTROLE

E aí todo controle vem com um manual de instruções.

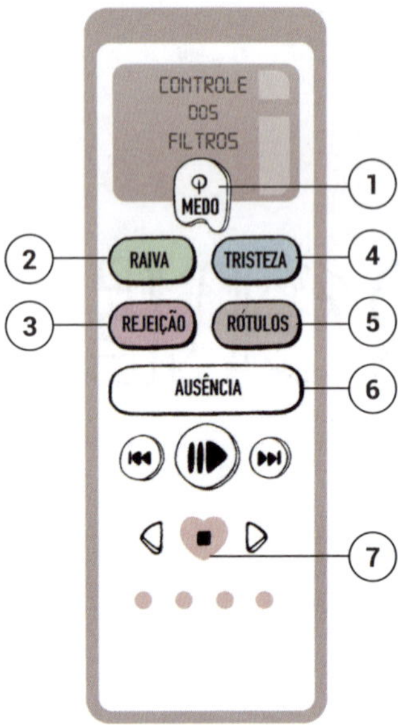

1. **BOTÃO INICIAR/MEDO**
   Certifique-se de que está ligado para distorcer e selecione o filtro desejado.

2. **BOTÃO RAIVA**
   Pressione para selecionar:
   ATACAR
   DEFENDER
   VINGAR
   DESTRUIR

3. **BOTÃO REJEIÇÃO**
   Pressione para selecionar:
   RECLAMAR
   REJEITAR A CENA
   REJEITAR A SI MESMO

4. **BOTÃO TRISTEZA**
   Pressione para selecionar:
   ISOLAMENTO
   SOLIDÃO
   INJUSTIÇA

5. **BOTÃO RÓTULOS**
   Pressione para selecionar:
   JULGAR
   IMAGINAR
   COMPARAR
   ENQUADRAR

6. **BOTÃO AUSÊNCIA**
   Pressione para entrar no piloto automático e se distrair.
   Mantenha pressionado para ficar vendo apenas o passado.

7. **DESLIGAR CONTROLE/LIGAR AMOR**
   Pressione o botão para encerrar o controle e acionar a Confiança.

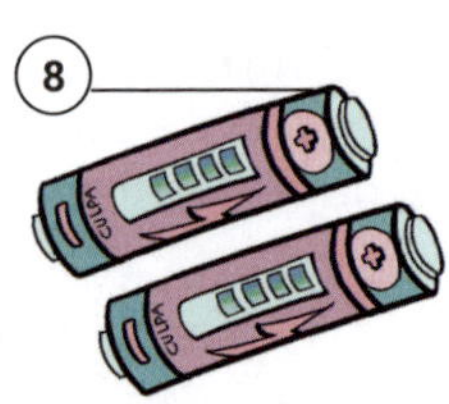

8. **PILHAS DE CULPA**
   Para que seu controle funcione, mantenha a culpa carregada.

Um controle remoto não é muito diferente de como fazemos no nosso dia a dia. Nós queremos sempre definir como as coisas deveriam ser e, de certa forma, "assistir" às cenas a partir do nosso controle.

Quem nunca falou: "Tem que ser do meu jeito!" ou "Está tudo bem, tudo sob controle?".

Assim, todas as nossas decisões passam por esse controle, ou seja, temos que controlar para poder selecionar os filtros que queremos usar.

No controle, meu amor, você tem a falsa sensação de que sabe aonde tudo vai chegar e, além de isso não ser verdade, todas as suas decisões a partir dele te levam sempre para filtros que te fazem mal, falam mal de você e confirmam mentiras sobre você.

Como conversamos desde o comecinho, meu amor, há uma mentira que queremos contar sobre nós mesmos. Se é uma mentira e queremos acreditar nela, temos que fazer de tudo para que ela fique com cara de verdade, com cara de que é real. Como tentaremos fazer com que isso pareça verdadeiro, se não usarmos filtros para distorcer tudo o que vemos?

Se não ativarmos o botão do medo?

Se não pressionarmos
o botão da rejeição?

Se não selecionarmos
o botão da raiva?

Se não escolhermos o botão da ausência para
entrar no piloto automático?

Não conseguiríamos tentar provar isso, se não houvesse essas artimanhas que são os filtros e o controle, que é o modo com que fazemos acontecer. É doido, mas, só de pensar em perder o controle, você acha que vai perder coisas, não é?

E, assim como um controle remoto, o Controle dos Filtros só parece funcionar porque ele está carregado com pilhas de culpa.

Essas pilhas de culpa se autoalimentam cada vez que você utiliza um filtro para falar mal de você e mentir sobre você.

Porque, no fundo, você sabe que essa não é a Verdade sobre você. Quando você está num filtro, você não gosta, e toda essa culpa vem de você ficar tentando ser diferente e minimizando aquilo o que você é.

Você já se sentiu perdido?

Já se sentiu errado?

Até pensou em não existir?

Eu também.

Durante todo o nosso caminho até aqui, talvez você tenha pensado...

POR QUE USAMOS TODOS ESSES FILTROS?

Mas descobri que não merecemos mais brincar com os filtros, porque quanto mais ficamos dentro desse filme, que varia entre uma alegria temporária e uma tristeza iminente, nós só nos sentimos culpados, pois há um lugar em nosso coração que sabe que essa não é a nossa função.

Não precisamos mais nos sentir culpados, pois todas essas brincadeiras não mudam e nunca vão mudar o que nós realmente somos.

Você já sentiu alguma vez a sensação de que algo incrível estivesse acontecendo e você não tivesse sido convidado?

Mas você foi convidado e, na verdade, esse convite é feito o tempo todo. Você só não vê os convites que chegam até você, pois os filtros não permitem que você os veja. Mas agora podemos, juntos, atender a esse chamado... sair desse controle viciante, que só nos faz sofrer, e, no meio de tanto apertar esses botões ao acordar, na sua rotina, ao dormir e ao viver, tome uma nova decisão...

Você pode parar.

Respirar.

E pressionar o botão de desligar o controle.

Quando você larga o controle, você começa imediatamente a...

confiar

capítulo 8

Confiança

“Só sei que nada sei.”

(Sócrates)

CONFIAR EM QUÊ?

Esse é o antídoto dos filtros.

Os filtros tentam provar que somos aquilo no que estamos acreditando.

Mas a confiança vai muito além de acreditar ou não.

A confiança é o que sentimos quando dizemos "não" para os filtros e escolhemos admitir que não sabemos o que tem que acontecer.

Talvez, por um momento, você sinta uma incerteza, uma dúvida e até mesmo um vazio, porque você está muito acostumado com o seu controle.

— Mas, Nah, eu não sei como posso confiar...

Meu amor, confiança é aquilo que, em meio a tantos livros, te fez escolher este livro.

A confiança é a certeza de que no universo nenhum pedido pelo Amor deixará de ser atendido.

E se você veio até aqui, saiba, você fez um pedido.

E para sair dos filtros nada mais lhe é pedido, além de confiar...

Confiança de que você é bom.

Confiança de que todos são bons.

Porque o que Deus fez é bom, assim como Ele.

Confiança de que você não está só.

Pois a nossa Vida é a mesma.

Confiança de que você é amável.

Confiança de que você é amado.

Porque Deus nos ama.

Confiança no Amor.

Confiança de que todos alcançarão a Verdade sobre si e verão que são perfeitos.

Confiança de que tudo está no seu devido lugar e caminhando para um único destino feliz porque a Verdade é feliz.

Confiança de que por trás de todo

medo,

rejeição,

raiva,

rótulo,

controle

há um outro jeito de ver a Vida.

Porque:

Deus fez a vida sem filtros

capítulo 9

A Vida sem filtros

"A Vida não é uma sequência linear de atividades."

(Kaw Yin e Yan Yin)

TCHANAN!

Chegamos em...

A Vida sem *filtros.*

Afinal... o que é a Vida? O que acontece quando retiramos todos os filtros?

Alguma vez você já disse "A minha Vida tá mais ou menos", ou "A minha Vida tá legal, várias coisas acontecendo e tal. E você? E a sua Vida, como anda?".

Quem nunca falou isso, né? Mas quando você fala sobre a Vida, do que exatamente você está falando? Hum... sobre o que você faz? Os rolês do dia a dia? Os lugares que frequenta? As viagens que faz? As coisas que você conquista? Como estão os crushes? Hahaha, tá, mas, falando sério, o que você acha que é a Vida?

Se a Vida não é essa sequência de atividades, isso significa que o que você faz no dia a dia não define o que é a Vida.

Tem algo maior, percebe? Não são só acontecimentos, há algo por trás, invisível, algo que nos mantém vivos!

Você sente que você está existindo AGORA? E, não, você não passa seu dia a dia ligado em uma tomada que te deixa vivo, hahaha...

...mas tem algo te mantendo, te fazendo existir. Essa existência tem que vir, e, sim, ela vem de um lugar, de uma Fonte. Podemos chamá-la de Fonte do Amor, de Deus, de Pai, tanto faz, porque independentemente do que você possa acreditar... há um fato:

você
existe.

Não é possível que não existam respostas, que a Vida seja uma grande dúvida, que a gente não tenha direito de saber sobre aquilo que carrega o tempo todo com a gente, sabe?! Estamos VIVOS. SIM! Nós somos feitos de Vida, e a Vida é a própria existência, Sou EU, VOCÊ, NÓS Somos a Vida.

capítulo 10

Parceiros

“Quando você tem um propósito verdadeiro no mundo, você se une com aqueles que também têm o mesmo.”

(O Garoto do Sonho)

O mundo está mudando. As pessoas estão mudando. E nada disso que eu compartilhei com você veio de agora. Isso vem sendo falado há milhares de anos.

Durante toda a história da humanidade, muitas pessoas, que foram chamadas de sábios, trouxeram mensagens que, de formas diferentes, falavam sobre a mesma coisa. Durante a passagem deles por esse planeta, eles se comprometeram a demonstrar um novo jeito de pensar, um novo jeito de viver, baseado no amor, na paz e no reconhecimento da Unidade entre todos. Eles representaram uma Nova Cultura.

Agora, o mundo está se abrindo para vivê-la. Este livro é um reflexo disso!

Gostaria que soubesse que você faz e sempre fez parte disso, só estava esquecido.

Mas...

Eu vim te lembrar.

Assim como eles me lembraram...

Parceiros

Coexiste: Uma escola que aplica a vivência da Nova Cultura.

Em 2013, eu estava me perguntando se havia uma Verdade sobre a Vida. Fiquei com essa palavra "Verdade" muito,

muito mesmo, na minha mente. Eu estava procurando por algo que eu não sabia aonde ia dar. Só sentia algo. Até que um dia, passando pelo meu feed do Instagram, vi uma foto de um livro no perfil de uma amiga. Na hora que eu vi aquela capa, bateu algo forte no meu coração: "Eu sei a Verdade e meu celular é (11) 99831-3521". SIM, ESSA É A CAPA DO LIVRO! Eu buguei na hora que eu vi, não entendi nada. Fiquei, tipo, *Como assim, esse cara escreveu que sabe a Verdade? E nem deve ser de verdade o número do celular, quem seria doido de colocar seu próprio telefone em uma capa de livro?*, pensei. Lembro que eu estava indo pra balada e duas amigas estavam em casa. Antes de sairmos, me deu um troço, não sabia de onde vinha, mas era uma vontade de ligar para aquele número. *Apenas ligue*, me veio à mente. E eu liguei. Uma voz atendeu e eu logo perguntei o que eu tanto estava querendo saber: "O que é a Verdade?".

Naquela ligação, eu descobri que existia uma escola chamada Coexiste, num prédio aqui em São Paulo, com um curso, aulas e professores, dedicados à retirada dos filtros que nos impedem de entrar em contato com a nossa verdadeira natureza, que é o Amor.

Naquele momento, meu coração se aquietou. Era como se eu estivesse reencontrando algo. Ao mesmo tempo, sentia como se eu pertencesse àquele lugar e aquele lugar pertencesse a mim. Eu me senti em casa.

Há quatro anos, meu amor, eu caminho ao lado de parceiros que dedicam suas Vidas a retirar filtros diariamente e a demonstrar que isso é possível, e que, cuidando e amando, relembraremos a cada coração de que não estão sozinhos nessa missão. Obrigada infinito, parceiros, vocês confortam meu coração todos os dias.

Nessa nova forma de viver, abandonamos a solidão e nos juntamos com todos aqueles que já desenvolveram confiança. Sozinhos, não conseguimos fazer essas mudanças, mas, juntos, nos ajudamos a nos lembrar de que não estamos sozinhos. Estamos juntos, de mãos dadas.

Aos meus professores,

Kaw Yin Yan Yin

Kaw Yin e Yan Yin, meus doces professores. Este livro veio de tudo o que eu recebi, de tudo o que eu aprendi até agora nesses quatro anos. Ele veio a partir do cuidado infinito e da paciência eterna que vocês tiveram comigo e têm, desde o primeiro dia. Obrigada pela forte devoção que vocês têm a todos e a mim. Obrigada pela disponibilidade. Obrigada por demonstrarem que o que Jesus ensinou pode ser praticado e vivenciado. Graças a essa demonstração, vocês me mantêm conectada com a minha missão. Obrigada por serem parceiros fortes e unidos no propósito da relembrança e do reassumir da nossa condição original. Obrigada por me lembrarem. Eu amo vocês.

Para os corações:

Agora você entende, meu amor, a sua importância? Sua importância na relembrança do Amor, do carinho e do cuidado? Agora você entende o quanto eu sou grata pelas ferramentas que me foram entregues? Seja YouTube, seja Instagram ou qualquer rede, é tudo uma ponte para chegar até um coração distraído e lembrá-lo.

Assim como eu fui lembrada, você também pode lembrar alguém. Não importa onde e como será, apenas lembre-se de confiar.

Obrigada do fundo do meu coração a todos que cruzaram o meu caminho até agora. Isso inclui todos, desde a minha família, amigos, professores, se você já me viu em algum lugar, se você nunca me viu também, se você já ouviu ou não falar de mim, e você, que decidiu em algum momento me seguir, me acompanhar. Como eu disse lá no comecinho do livro e agora você pode entender: você não escolheu este livro à toa, meu amor. Obrigada por estar aqui, obrigada por ter feito essa escolha.

"Tu não caminhas sozinho. Os anjos de Deus pairam acima de ti e em tudo ao teu redor. O Amor de Deus te cerca e disso podes estar certo: eu nunca te deixarei sem consolo."

(Um Curso Em Milagres)

gratidão

capítulo 11

Amor

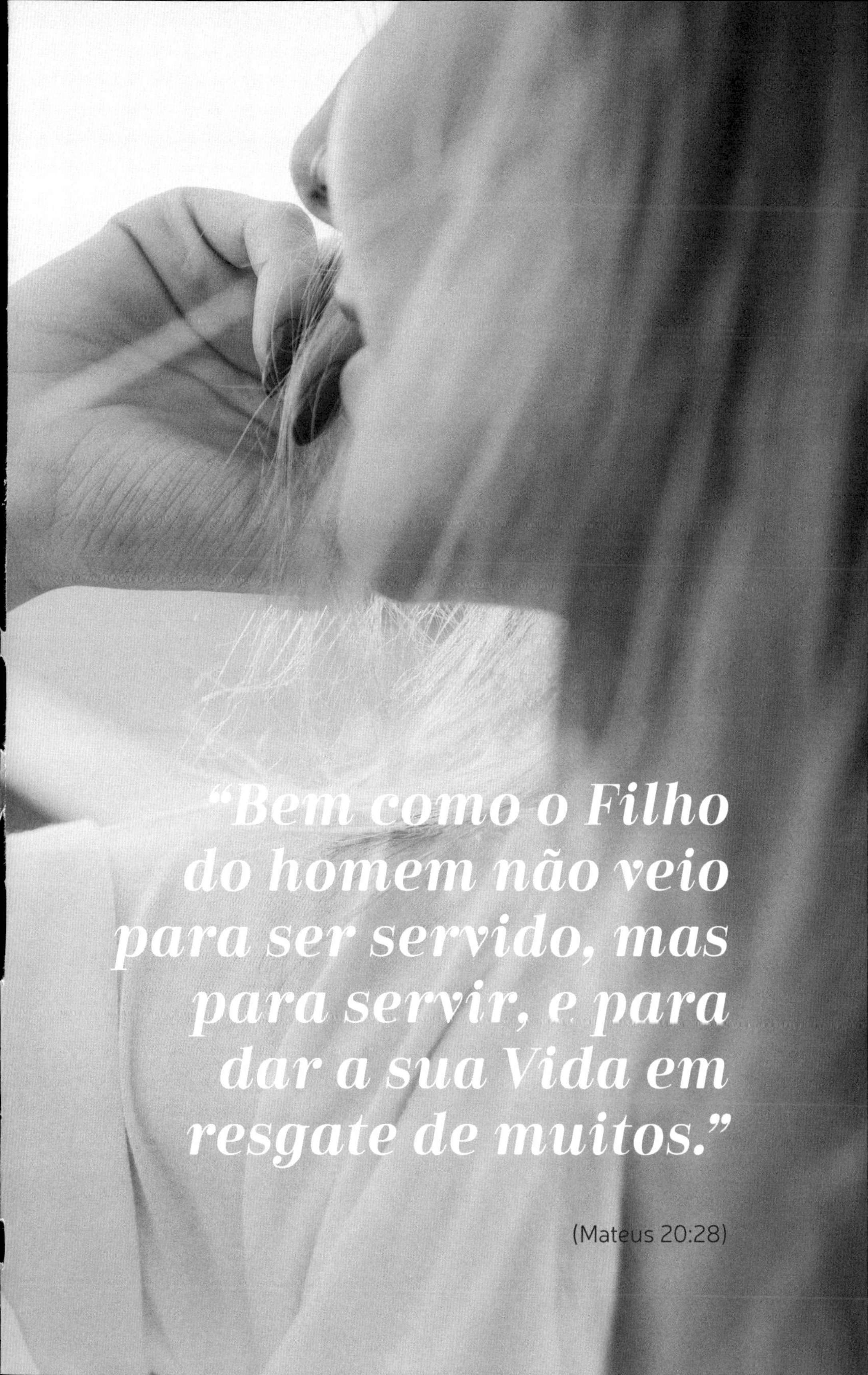

"Bem como o Filho do homem não veio para ser servido, mas para servir, e para dar a sua Vida em resgate de muitos."

(Mateus 20:28)

“FIM.”

Fim?

Não, meu amor,

é apenas um começo.

Como eu sei?

Olhe ao seu redor.

As pessoas ainda veem a Vida com filtros?

Então, a sua missão ainda não acabou.

Bem-vindo, meu amor, você faz parte do time de cuidadores universais.

Cuidadores são todos, mas cada um relembra no seu tempo.

Você não está só, ao se unir a todos aqueles que independentemente do que façam, demonstram em seu coração que por trás de todos esses filtros mora o Amor.

O Amor mora aqui.

O Amor mora aí.

O Amor está em tudo.

O Amor é tudo.

Deus é a Vida.

A Vida é Amor.

Deus é Amor.

Você é feito de Vida.

Você é feito de Amor.

Cada ser que retira um filtro, que decide pela Verdade e que escolhe ver O Amor, se junta a nós, pois nós não somos separados.

Sempre estivemos conectados pela mesma Vida, e, quando escolhemos viver pelos olhos do Amor, vivemos...

Obrigada por escolher chegar até aqui, meu amor.

Eu estou infinitamente grata pela sua escolha! Sério.

Meu coração está transbordando alegria.

Você é importante demais, DEMAIS MESMO, no meu caminho e no de Todos.

E lembre-se:

Nada é maior que o AMOR.

Nós estamos conectados.

Com Amor,

Nah.

NOTHING IS BIGGER
THAN LOVE

**Este livro foi composto em Neris Light
e impresso pela RR Donnelley
para a Editora Planeta do Brasil
em outubro de 2017.**